U0067912

給 親愛的 讀者書友：

書中所述 都是我的 人生 的真 領悟，

如果能有一點點 幫助到 你，

我非常感恩，功德無量。

黃國勳

重望針灸，

感恩援男中醫美思穎醫師。

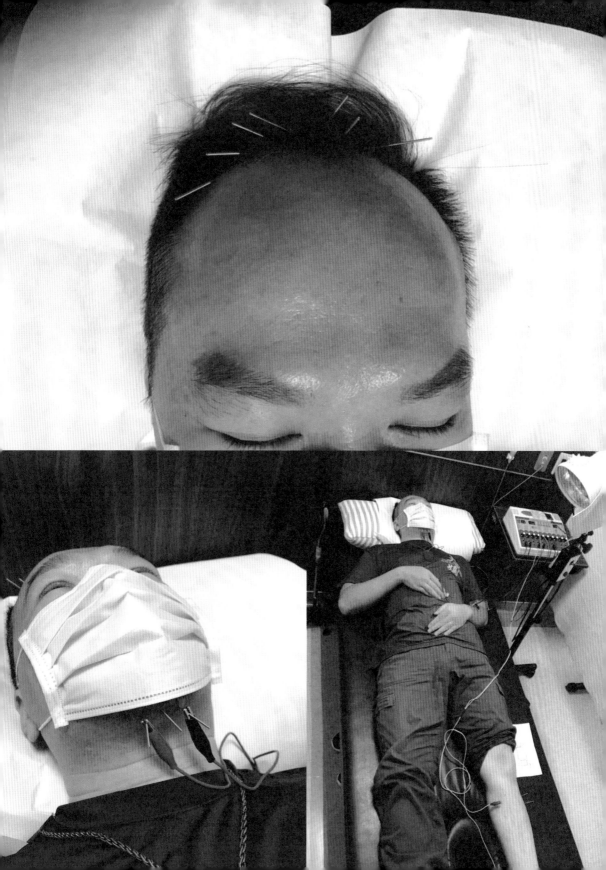

好久沒看到7字頭的體重,

從85公斤變到 73 公斤,

一公斤十塊計算, 我臷賺滿多的。

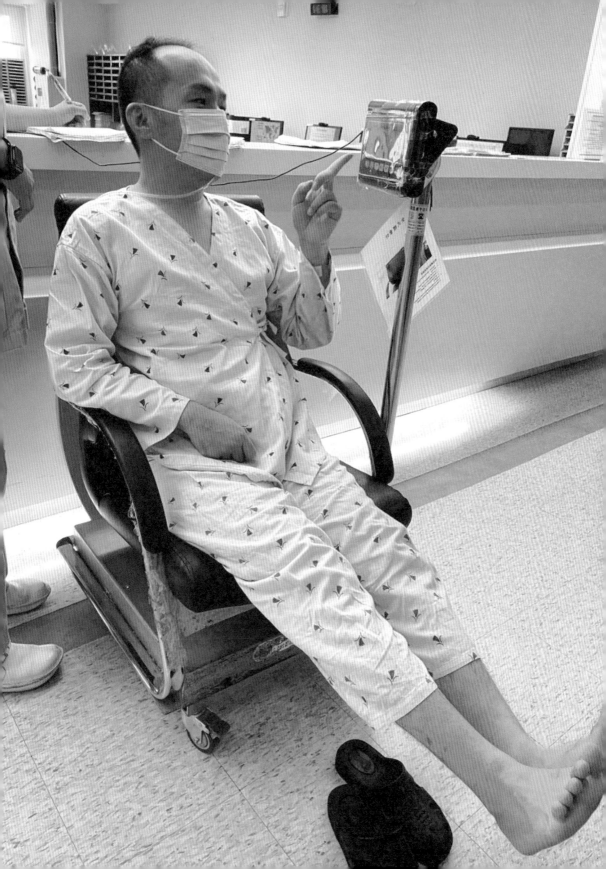

續治療項目，

藉由電流刺激，

訓練食道及氣管的肌肉。

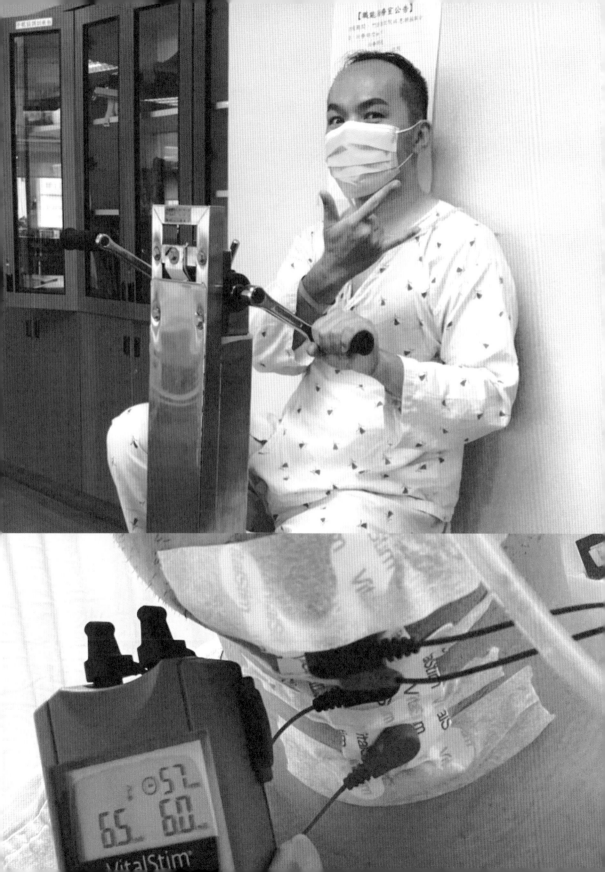

感恩我的信仰，
幫助我樂觀、積極地，
面對生病，面對復健之路。

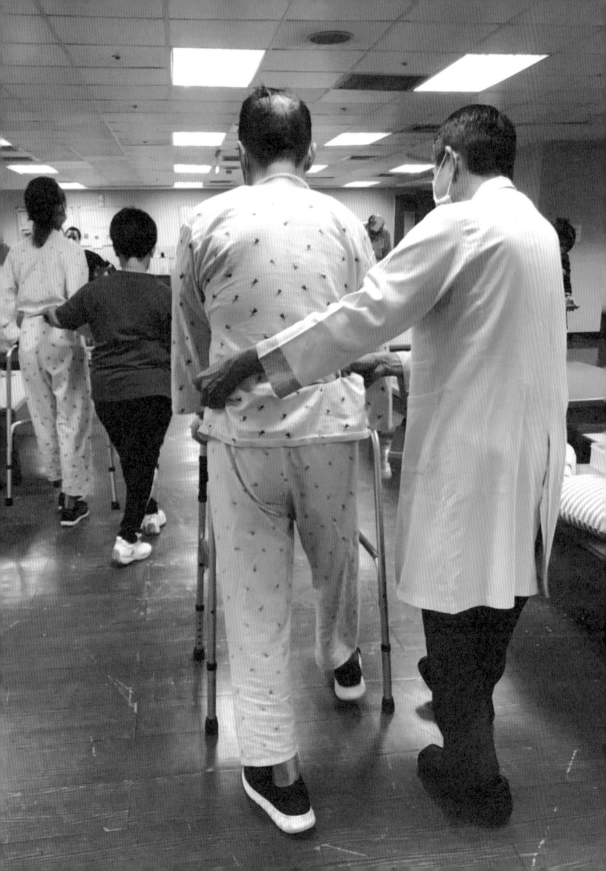

中風瀕渡。

　第一次下床，開始行走復健，

　感恩高雄長庚的醫療及復健。

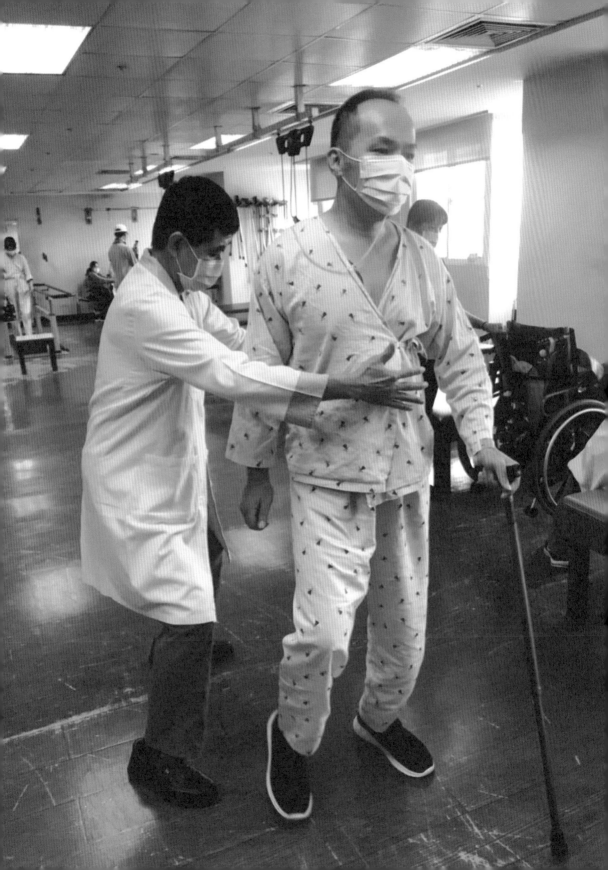

我中風了，無法吞嚥、說話不清，
因此插了近100分的鼻胃管，
灌藥，灌食。

我 足殆蛬亜丁自拍，

那時候還没中凤出病。

2019年：

我正摇搓过了，

正式接受自己的天赋能力。

礼敬：

華山九天道姆元君大尊

弟子啟勳

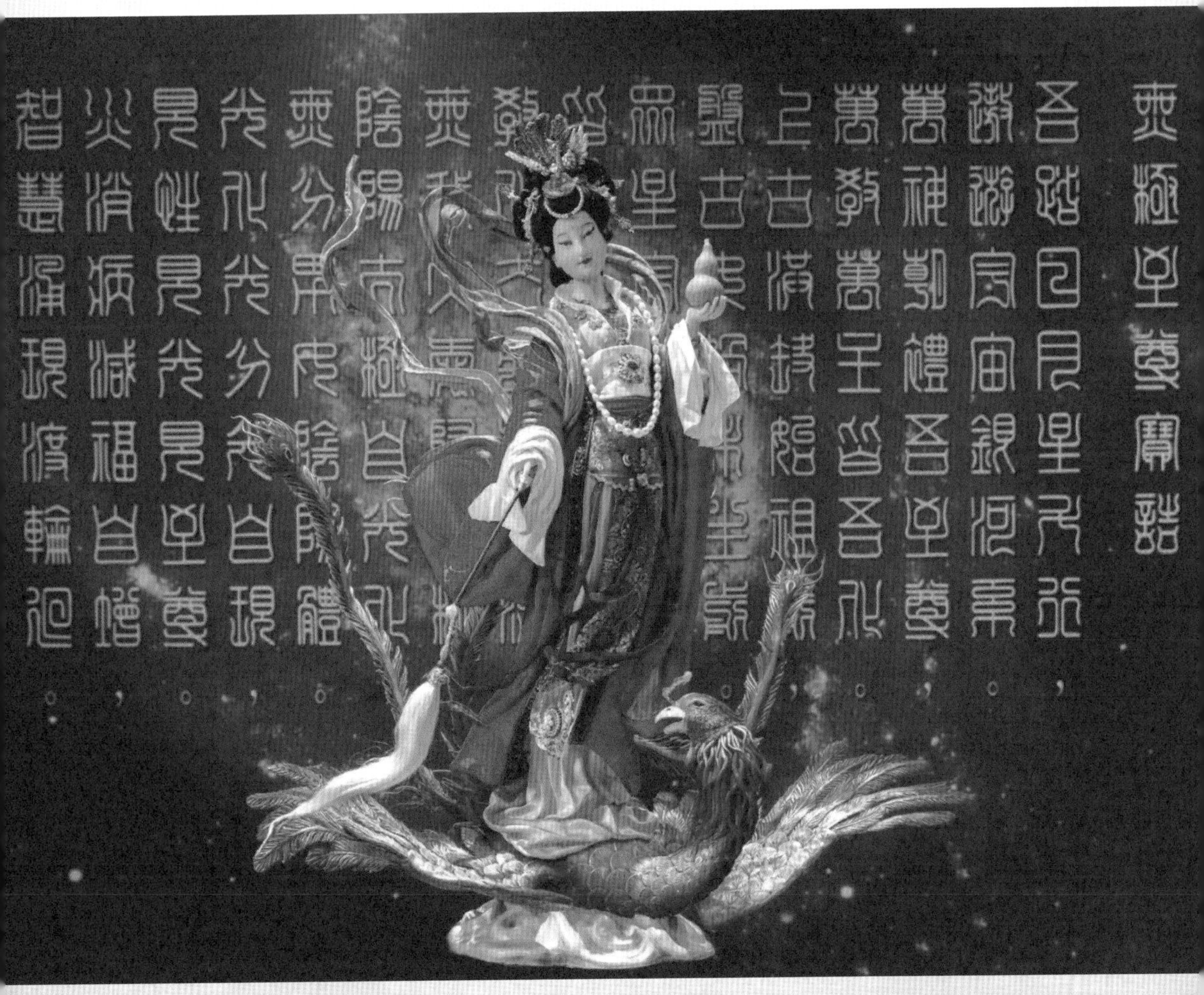

茶飲的高標，

　　是能量符籙，

　　具有多種神奇的玄學功效。

方震能量精油
溝通無限能量

公司經典商品，

開運招財，幫人補助的能量補油。

留挺玉訂 隨意拍攝,

真的很美. 很漂亮.

生命中第一個貴人，

曹佩蘭 老師，

多年後再次 相遇。

目 錄 *contents*

第一章、其實我是受虐兒

目 錄 *contents*

第六章 無盡的感恩

願他的精采分享，帶給你勇氣與力量

曹佩蘭 老師

趕在啓勛的新書出版前，跟久違的他碰了個面。回想起當年的往事，一幕幕近在眼前，感覺就像昨天才剛發生，沒想到已經是三十多年前的事了。很開心看到啓勛現在過得很好，事業有成、整個人很有自信，對社會也做出貢獻，而且更難能可貴的是，他不僅沒有被生命中各式各樣的考驗擊倒，甚至還把這些經驗彙整起來，寫成書分享給大家，這真是非常棒的一件事，雖然我只有短暫地教過啓勛一陣子，但也感覺到與有榮焉。

書裡的故事都是啓勛真實的人生體驗，尤其是國小的那一段經歷，或許有很多人會覺得難以想像，無法相信在台灣竟然還會發生那樣的事情。但我必須說，在當時那個年代，來自父母或師長的體罰的確相當常見，只是啓勛所承受的，真的太沉重也太違反常理了。真要說我當時提供了什麼幫助，倒不如說我只是做了自己認為該做的事情。

這麼多年從事教職以來，我碰到過非常多與眾不同的孩子，有的活潑外向、鬼點子一堆；有的安安靜靜、恬恬吃三碗公；也有幾個是像啓勛這樣，小小年紀就累積了許多令人鼻酸的故事。最讓我自己感

到驕傲的是，我所教過的每一個孩子，全都安分守己、善良懂事，長大後也都能獨立、都能成材，讓我感到相當欣慰。我常說：「昨日種種猶如昨日死，今日種種猶如今日生。」相信啓勛是有把這句話好好聽進去了，因為現在的他，已經走出了過往的陰霾，成為更好的人。

在我眼中，當時小小的啓勛是個隨和、善良，且懂得在逆境求生，很能逆來順受的孩子，多年後再次碰面，以前相處的回憶湧來，發現他還是沒有變，依舊是個討喜且溫暖的大男孩。很高興他還記得我，更榮幸的是：「我只是做了為人師該做的事，卻被啓勛感念在心，寫進書裡。」期待這本書能被更多人看見，讓啓勛精彩的人生故事，成為支持更多人繼續勇敢走下去的力量。

愛與能量的實踐家

動感園長　李鴻毅

關於啓勛，一開始給我的印象就是個笑容滿面，精神抖擻的謎樣男子，臉色紅潤，一副慈眉善目的佛陀樣，手拎著一個包，包不離身，裡面裝滿著他的精油產品。在一次的祈福旅遊中，我好奇地問著他：「為何你隨身都攜帶著這個包包呢？」

「噢！因為這是我的發願。」他準備帶著他的精油，親自走遍他所行經的各個廟宇，誠心為使用者加持祈福。

我從事風水命理這個行業 20 幾載，見過無數個所謂的大師聖賢，有的名聲響亮、信徒眾多、花招百出，但私下卻從未見過像啓勛這般，執著於利益他人的用心，哪怕是鄉間小廟，在眾人歡慶玩樂之際，你可以遠遠的看見他，依舊默默地專心一意，誠摯為眾生祈福。

受到上天的感召，承擔起上天賦予的重責大任，啓勛幾年前就曾經跟我提及他想要出一本書，希望能將自己所經歷過的事情記錄下來，不為別的，只希望透過這個紀錄，表達自己感謝上蒼所給予的種種試煉；並希望能藉此讓更多人透過他的故事，受到啟發，能擁有面對自己人生的勇氣。這更是感謝上天及神靈給予啓勛的能力及能量的

回饋與付出，盼能恩澤世間。

　　如今，看到這本心靈著作即將完成，每翻一頁所看到的內容，滿滿都是感觸……不論人生故事是歡喜還是悲傷，我都能充分感受到——每個人一生下來，就開始在編寫自己的生命故事，舉凡種種刺激與成長的事蹟，正造就了未來的自己，這不就是人生嗎？

　　感謝啓勛老師，願意毫無保留地將自己的故事經歷分享給世間大眾，這本書的分享值得我們期待，同時也值得省思。

發光發熱的生命，引領我們探索世間的祕密

台灣中華儒學總會理事長、中華共濟基金會董事長 孔祥科

　　每個人的生命，終將呈現不同的虹彩。人們利用眼、耳、鼻、舌、身、意，感受已知世界的存在；但仍有許多科學的工具都證明，這個宇宙遠比我們所能感覺到的還要更多、更大、更複雜，且更豐富。

　　許多音頻聲律、光波色彩，都不是我們的耳朵能聽到、眼睛能看到；更不要說縱橫於時間的長河或浩瀚宇宙的空間，甚至圍繞在我們四周的靈性能量，我們在肉身的限制之下，能感知者可能連億萬分之一都不到。

　　人是神所創造，由大道本體所化生。神在不同的時間點，會揭露宇宙的奧秘，提升人的進化，使凡人與神性大道更為靠近。

　　數百年來，理性思維主導的物質文明已發展到極致，也巨幅提升了人類壽命與生活水平。相信隨著大道運行，屬於靈魂與精神層次世界的祕密，終將被逐步打開，人類將會有更寬廣的視野，接受更高層次的靈魂訊息，更能理解生命的使命，終而找到生命的歸屬。

生命要發光發熱必需經過燃燒。啓勛先生在經歷一連串生命的考驗之後，選擇了一條另類改變人類文明的道路。這是神的指引，也是他的天命。本書的出版，只是一個預告，相信在啟勛先生的努力之下，許多祕密終將呈現在世人面前，許多事情也終將產生改變，人類也可預期即將迎來生命靈性的再進化。

面對自我，找尋使命

墨樊創業顧問有限公司執行長 Harry

「一命二運三風水」，即便我個人對於宗教沒有太多信仰，但身為創業家，有時候還是得抱持著「寧可信其有，不可信其無」的態度來面對許多無法用常理解釋的狀況。在閱讀黃老師的這本書時，跟隨著文字貼近老師孩童時期的經歷、瀕死的體驗，還有面對來自於至親家人的暴力以及對世界深沉的絕望吶喊……每一句自述都讓人心痛得近乎窒息。

但也或許就是這些經歷，讓黃老師能學會抓住任何微小的希望，也能更感悟自身在這世間的「使命」。其實，讀完整本書，雖然我身為讀者，心情隨著故事高高低低，情緒有不小的起伏，但心靈卻有種很安詳的感受。

人生啊！渾渾噩噩走一遭是一回；認真面對自我，找尋使命也是一回。

與其說這是一本玄學書，我更想將之歸類在「自我提升」的類別，因為本書的內容不是教你改變命運，也無法告訴你人生的最佳解答或成功捷徑，反而是藉由黃老師的經歷與蛻變，讓我們回頭去審視我們

自己的人生。

什麼樣的過去才造就出現在的我？是什麼決定導致了現在的困局？套用本書的一句結論來解答：「80%都是自己的問題。」只有透過真正開啟與自己內心的對話，才能學會真實的面對人生。

最後，我想引用饒舌詩人蛋堡歌詞中的一段話來總結讀完此書此刻的心情：「離開世界之前，一切都是過程，活著不難，最難的是做人。」

我是Harry，很榮幸能替通靈老闆黃啓勛老師的大作留下推薦序，期盼閱讀這本書的讀者都能找到自身的使命，也期待黃老師的續作。

一本讓我們見證神蹟、啟發自我的好書

昇捷科技股份有限公司 劉奶爸

　　認識啓勳是在 2016 年初，他成為我線上課程的學員。因為素未謀面，只有在 LINE 群裡提問的時候才有一些互動，所以也不算真正認識。LINE 群裡有上百人，在幾次互動之後，我記住了他，當時只知道他開了一家手機行，對手機的相關知識十分專業，其他關於他個人的事我一概不知。

　　2017 年初，我開始實地拜訪幾個學員，幫他們錄製創業故事的影片，啓勳是其中一位，也是離我家最遠的一位。我記得當天我搭了高鐵從桃園到高雄找他，接受他的招待，晚餐一起去餐廳吃火鍋時才發現他吃素，我心想：「不愛吃肉也能長那麼壯，還真不簡單，哈哈！」但我也沒多問原因。接著我們又一起去逛了夜市，然後我才搭高鐵回桃園。

　　對啓勳的認識一直停留在他是個個性溫和、待人和善、工作學習十分認真的印象上；甚至後來，他還接受了我的建議，去參加了 BNI 商會拓展業務人脈圈。這幾年來，我只覺得他是個很好相處的朋友，應該是個健全家庭長大的乖小孩，直到我看了他寫的這本書，才看完第一章就讓我大為吃驚……

原來啓勛竟有如此坎坷、讓人驚訝的童年，這種在社會新聞才會看到的受虐與家暴情景，居然活生生的出現在我的朋友圈，而且不可思議的是，故事的主人翁還是個為人和善的大叔！

　　我相信上天造人都有其目的，每個人來到人世間都有自己的功課要完成，我也相信每個人心中都存在著神，只是用不同的形體出現，有的人能見證神蹟，有的人一輩子也無法感受到神的存在。

　　感謝啓勛的這本書，讓我更堅定自己要當個積極努力、持續學習的人，找到自己熱情的事物，體驗各種不同的快樂，才不枉我們在人間好好活著的每一天。

看見玄學與科學交織出的燦爛火花

高雄師範大學副教授 黃琴扉

「玄學與科學的燦爛火花」是我與作者啟勛老師首次見面時的感動。當時的我很難相信，竟會有一位玄學老師想請我運用腦波研究的科學原理，來解釋他所感受到的奇異現象！啟勛老師表示：「浩瀚的宇宙中有太多人們未知的領域，或許在多年之後，所有的玄學也都只是科學。」就是這樣的思維，開啟了我與啟勛老師的合作研究，我們試圖從不同的領域共同去解讀這個世界。我想，這也是啟勛老師獨特的邏輯脈絡，期盼這樣的想法，可以引領讀者探索生命中不同的省思。

這本書中，雖然多數是以啟勛老師自身的生命經驗陳述，但若是從「教育」的角度來看，本書引導我們反思受虐兒在無法獲得自我及他人認同下的身心發展；從「自我探索」的角度來看，本書引導我們靜心理解自己、掌握自己的天賦，並接受自己；從「玄學」的角度來看，本書引導我們思考大千世界中各種尚未被人們理解的不可思議。

相對於宇宙，人類的生命是如此短暫而渺小，只要能對萬物尊重並持有開放的心來理解這個世界，都將使我們有機會看到不同的風景。對於啟勛老師願意自我剖析，將心底深處體驗過的生命歷練撰寫成文，我由衷感到敬佩，也祈願讀者能從本書中獲得啟發，並活出獨一無二的自己。

相求神鬼，不如反求諸己

研真居地理師　郭軒愷

「所謂通靈、感應，是真的嗎？」相信各位讀者也會有跟我一樣
的疑問！

若是曾經閱讀過鄙人《研真風水》筆記的讀者們就會知道，雖然
我從事有道教文化背景的五術業，但卻是個喜歡科學驗證的鐵齒組；
原因乃是因為父母家族的宗教信仰分別為佛教與天主教，而我，也沒
有任何感應的體質。所以剛認識啓勛老師時，我一如既往，就像每每
遇到奇人異士的時候一樣，把心中許多的懷疑以及好奇，化作刁鑽的
問題，跟這位通靈老闆來個正面對決。

結果如何呢？啓勛老師跟我分享了很多經驗與心得，甚至於他的
見解，就像這本書的內容一樣淺顯易懂。

有別於坊間那些大談神佛因果玄之又玄，或是天機不可洩漏的道
法大師，我非常欽佩啓勛，身為一個「玄學老師」對於不同的信仰文
化竟然能夠如此尊重與包容。更沒想到的是，這位樂觀正向的通靈老
闆，竟然有著這麼一段不為人知的過往。因為個人極致經歷而覺醒的
天賦，從逃避、抗拒到面對、接受，進而用來利益他人，是極為振奮
人心的。

求天、求地、求人、求神、求鬼，不如反求諸己！你是否曾放慢步調，停下來好好跟自己聊聊天呢？

　　本人很榮幸能將此書推薦給所有讀者，期許本書的問世，能夠幫助看這本書的你，理解、接受、喜歡真實的自己。把自己過好，行有餘力時多留意日常生活周遭中容易被忽略的求救訊號，成為別人的生命中的貴人。保持開放的心態，對於資訊的蒐集、累積，達到有能力辨別、甚至看清全貌的能力，透析本質是至關重要的。因此，我們的未來，一定會更好！

從他的生命故事，感受力量與勇氣

龍巖股份有限公司業務協理　蔡明勳

「貴人，並不一定是對我們好的人。」——這是從事生命教育相關領域工作近 15 年的我，在看完啓勛老師的書之後，浮現的第一個念頭。

人生的道路上，我們總容易把別人對我們的壞，累積成負面情緒堆積在自己的心中，雖然換個角度看，這也許能化為使自己更強大的動力，但不可否認地，這樣的壞也有可能在我們細胞上植入負面的 DNA，將同步影響我們的思考與行為模式，使我們渾然不覺；又或者，其實我們再明白不過，卻又在無形中被其制約？

還記得第一次我和啓勛老師深度交流，是在 BNI 系統的商務一對一交流，當時還是菜鳥的我要面對一個區域中的資深知名會員，難免感到緊張，尤其這個人又是氣場強大（也許有人會解讀為面惡心善）的啓勛老師。

然而在交流結束後，我發現老師氣場強大的不只是專業，而且實也帶著溫度。如同此書，或許有人先看了小標和目錄後，會以為這書是在販賣強大的悲慘值，實則不然！從啓勛老師的生命經驗連結到

玄學，再串連到啓勛老師受感召而創業的歷程，當您讀完之後，除了會不自覺將書中的經歷帶入自己的生命經豔試圖驗證而產生會心一笑或心頭一驚之外，你會發現，原來剖析自己，也能從一件多數人總是期待又怕受傷害的事，變成一件使人衷心期盼，且讓人變得強大的歷程！

我也發現，在生命教育推廣的四道菜中，包括道謝、道愛、道歉、道別……所有的元素，都已經融合在啓勛老師的書中，細細品味之後你會發現，讀後還能帶著餘香反思。

看看別人，想想自己……這感覺真的很棒，但似乎還少了一些什麼？改變自己，影響別人！不是非得要多麼遠大的目標，就從自己的日常做起吧。

別老是只翻閱別人的書，卻忘了翻自己的這一本喔！

「我們都要把自己照顧好，好到遺憾無法來打擾。」這是我從書中獲得的最大力量，讓我重新檢視自己曾經害怕和逃避的一切！

有幸能受邀為此書推薦，我也誠摯地希望將這股力量分享給各位讀者。

命運，從我擁抱天賦的那一刻開始改變

　　2019 年，在新冠疫情尚未有任何風吹草動之前，我接受了朋友的邀約，報名了一個很特別的旅行團，遠赴隸屬藏族自治區的「稻城亞丁」（由仙乃日、央邁勇、夏諾多吉三座山和周圍河流、湖泊高山草甸所組成的國家級自然保護區），到平均海拔超過 4300 公尺的地方去探訪聖山。當時所看到的美景自然不在話下，不過真正讓我畢生難忘的，是一場超越時空限制的「靈性對話」。

　　在寒風刺骨的高山上，我一個人面對著遠方白茫茫的聖山，「太美了！」這是我當下唯一的感想。我調勻呼吸、放慢思緒，閉上眼感受這個神奇場域的能量。就在我完全靜下心來的時候，突然間我聽到一個非常清晰的聲音問了我一個問題：

　　「你這輩子一直在拒絕天賦，這樣真的有比較好過嗎？」

　　一聽到這個問題，我的眼淚立刻就湧了上來，腦袋裡不斷冒出過往的人生跑馬燈，每一個片段都在告訴我：「沒錯，我的確一直在抗拒。」我哭得唏哩嘩啦，完全停不下來……幸好當時導遊正帶著其他團員前往別的地方參觀，讓我能單獨擁有一個完整「面對自我」的機會。

那種感覺，就好像是一個塵封已久的房間門被打開了，灌入了新鮮的空氣。我知道，那些眼淚是因為自己終於「被理解」而流。

　　就在我好不容易冷靜下來之後，那個聲音問了第二個問題：

　　「你是否願意在人生的下半場，運用天賦做一些可以造福眾生的事情？」

　　我的回答是：「Yes。」

　　當時，我三十九歲。

　　結束了那趟旅程回到台灣之後，我真正做出了人生的重大改變。首先就是「擁抱自己的天賦」，並且順應靈性的指引，再次投入創業。

　　我的天賦是什麼呢？簡單來說，就是「與不同維度的靈溝通」。這件事在不同的領域各有不同的名稱與解釋，而且古往今來，已經有不少科學家投入了這方面的研究。不過，我既不是研究宗教的學者，

更不是科學家，我只是一個有一點點特殊之處的平凡人。所以我能跟讀者朋友們分享的，也就是我個人的親身經歷。

發揮天賦，並且把我的經歷給分享出來，藉以幫助更多的人——我認為這就是我的使命。

本書將分成六個章節，包含從我的幼時生活談起，並細訴我轉變的歷程，以及發生中風及復健的點點滴滴，且跟讀者朋友們暢談我的「靈性分享」，並在最後做出總結；藉由此書，在分享的同時也感謝這一路走來，用各式各樣的方式幫助過我的貴人們。

每個章節我都會以自己的人生小故事來呈現，在這些故事裡，可以看到我幼時因為受虐而經歷 3 次瀕死的體驗，以及我的天賦能力究竟從何而來，這樣的能力讓我從中得到些什麼，又因此失去什麼。

從年輕時面對天賦的自我抗拒，到現在的怡然自得；從對生命失去熱情的受虐兒，到如今成為企業創辦人，我的每一個人生故事都有著刻苦銘心的歷程；希望透過本書的分享，可以幫助到其他世上與我有相似經歷的人，當然最重要的，我想藉由自己的故事來告訴大家——在我們身旁真的有許多需要我們「雞婆」一下、伸出援手扶一把的人，尤其是正在遭受虐待的孩子們。

第一章

其實我是受虐兒

Chapter One

1-1. 在那個「體罰是日常」的年代

很多人在剛認識我的時候，對我的第一印象都是「笑咪咪的」、「個性很溫和」；跟我長期相處的朋友，也覺得我好像沒脾氣，大部分會聽到的評語都是「好鬥陣」、「很笑詼」之類的。

然而，我想他們如果知道我小時候曾發生的一些故事，想必會很訝異吧！

大部分的心理學家認為，人的一生會有多少成就、會過得多麼燦爛或悲傷，有很大的程度是取決於個人小時候的經歷；但阿德勒（Alfred Adler）則認為，以前所發生的事情跟現在的自己是好是壞，並無關聯。

我不是心理學家，對這方面的專業也沒有深入研究，但是就「小時候的經歷對長大後的自己所帶來的影響」這點，我倒是有小小的心得可以跟大家分享。

我是一個軍人子弟，父親是位職業軍人。對我來說，他的形象相當鮮明，不苟言笑、性格剛烈，在極少的互動機會中，他總是扳著一

張臉，看起來非常嚴肅，所以儘管他沒有特別說什麼，也沒罵我、兇我，但我就是自然而然會對他抱持著「敬畏」之心，不自覺地拉開些距離。

父親在我很小的時候就跟我的母親離異了，後來娶了第二個老婆，也就是我的後媽。

剛開始後媽對我還算不錯，在父親留守部隊的時候，她照顧著我的起居，沒有讓我餓著凍著，稱職地將「媽媽」的角色扮演得很好。

記得有一次，我在半夜裡感冒發高燒、昏昏沉沉，後媽見狀況不對，立刻就揹著我往醫院的方向狂奔，因為時間晚了，沒有任何交通工具，所以她起碼跑了半個小時，才終於把我送進急診。

現在回想起來，真心覺得在那個當下，後媽對我是「視如己出」。可惜這種好日子，在她生了一對雙胞胎之後就完全變了調。

在雙胞胎誕生之後，後媽等於是開始過著「一打三」的日子，父親人在部隊，根本幫不上忙，而我也還小，能夠把自己照顧好就算不錯了。

可能是養兒育兒的壓力太大，也可能是嚴重的產後憂鬱症，總之後媽變了，原本好聲好氣的形象消失無蹤，換成一個歇斯底里、經常發怒的新角色接棒。

不得不說，在那個時期後媽的確是相當辛苦，尤其當我長大後聽了許多生了孩子的女性朋友談起照顧孩子的過程，就更加覺得當媽真是不容易。但當時的我什麼都不懂，依舊過著我的逍遙生活，偶爾還會有些「出槌」的舉動，惹得後媽忍不住教訓我。

比方說有一陣子，我因為很想嚐嚐羊奶的味道，所以連著幾天都去偷拿鄰居訂的羊奶來喝；後來被鄰居給發現了，後媽就給了我一頓好打。

不知道現在的六年級生還記不記得，小時候曾交手過的「懲罰工具」？在體罰仍屬普遍、尚未受到重視的年代，家裡的大小家私都有可能被父母順手拿來當作「教育」的輔具，像是衣架、報紙、木棒、連接水龍頭的軟管等等，而後媽選擇的，是藤條。

第一次被打的場景我已經記不得了，只是在我印象所及，後媽幾乎三天兩頭就會對我動手，不管是有理由還是沒有理由，都會毫不惜力地把我打個半死。我還小，當然不可能悶不吭聲乖乖被打，但每次

我越是哭鬧，後媽就打得越兇。鄰居們一開始聽見我大吼大叫的哀號，還會來好言相勸一下，跟後媽說幾句「別打了」、「讓他知道錯就好了」……但到後來，就連鄰居也變得習以為常，漸漸地默不作聲了。

基本上在那個年代，打罵孩子被認為是「良好教育」的象徵，畢竟「玉不琢，不成器」，管教孩子的躁動聲越大，就表示家裡教得越認真，對孩子越好。

偷拿羊奶喝的事件，讓我受到了相當大的懲罰，而且在往後的日子裡，這件事經常成為後媽動手打我的理由，當無從出氣找不到理由可以發難時，她就會叨念起我偷羊奶這件事，然後藉機動手。

我就是在這樣的家庭氛圍下長大的，後媽的嚴厲管教就是我的生活日常，因為生活在同一個屋簷下，讓我無處可躲，只能不時忍受著藤條打在身上的痛楚，然後期盼自己快快長大，快快脫離這種被打著玩的日子。

沒想到，離長大的願望還有十萬八千里，第一次的瀕死的經驗倒是先找上門了。

發現家庭暴力，我們可以怎麼做？

「家庭暴力不是家務事，是犯罪行為！」

1998 年《家庭暴力防治法》實施，至今這 20 多年來，113 保護專線已成為大家所熟知的求助管道。這是一支 24 小時全年無休的服務專線，如果發現周遭有人正遭受家庭暴力，請主動撥打 113，並儘可能提供相關「人、事、時、地、物」資訊，讓政府公權力及時提供保護及協助。

1-2. 第一次瀕死經驗

記得那年我就讀國小三年級，也就是十一歲左右。某天晚上，後媽又開始用藤條對我展開無差別攻擊。對當時的我來說，這已經是尋常生活的一部分，我挨打的耐受度提高了，心裡也大概知道，整個過程裡會有哪些起承轉合。

然而，那天晚上似乎不太一樣。在我預期後媽「差不多打夠了、應該快停手了」的時候，她仍一副氣勢洶洶、怒不可抑的狀態，我的恐懼感瞬間暴增，當下真的萌生了一個念頭：「這次我會死。」

儘管我感到十分害怕，但除了忍耐之外，別無他法。叮叮咚咚的棍子落在身上，真的很痛，我能護住的地方不多，全身上下幾乎都被打遍了。就在我覺得自己快要痛暈過去的時候，突然間，不痛了。這是很奇怪的感覺，在一連串極度的痛楚之後，這個痛瞬間消失了。

我聽得到後媽的藤條咻咻咻還在繼續打我，甚至我眼前出現了自己正在被打的場景。我從上往下俯視著眼前的畫面，搞不清楚那是怎麼一回事，腦中一片空白，全世界只剩下後媽一邊打我、一邊咒罵的聲音，聽起來非常空洞，就好像在空曠的房間裡所產生的回音那樣。

「看你還敢不敢！敢不敢！」

這段離奇的體驗，過程可能只有幾秒鐘吧，甚至可能連一秒都不到，但對我來說卻像是持續了好幾分鐘那麼久，一切都變成慢動作，後媽打我的畫面、空洞的回音、背景是熟悉的家……我不知道自己到底人在哪裡、不知道自己究竟怎麼了。

恍惚之間，我聽到一個聲音跟我說：

「回去吧，你的時間還沒到。」

那個溫柔的聲音就說了這麼一句話，然後我像是被輕輕推了一把。下一秒，我又回到了自己身上，後媽的怒吼近在耳邊，剛剛消失的痛楚也再次重現。

「可惡，真的好痛。」

後面究竟還發生了些什麼事情，我已經記不得了。後媽什麼時候停止鞭打、我到底傷得多重、究竟花了多長時間才復原、老師跟同學有沒有來關心……這部分的回憶早已模糊不清，但當下那個抽離自己

身體的體驗，卻始終像是昨天才剛發生一般，如此清晰、如此難忘。

該怎麼說呢？雖然這件事發生至今已經過了幾十年，但對我來說，卻像是人生的轉捩點。

那是我第一次知道，一直都有神靈在身旁守護著我。

自從被打到「靈魂出竅」，然後由一位神靈來幫助我返回肉身之後，我就知道自己並不孤單，因為幾乎每個晚上，這個溫柔的聲音都會來陪伴我，說一些我完全聽不懂的道理給我聽，像是因果循環、宇宙的真相、能量的頻率等等。

當時的我什麼都不懂，畢竟那時我才國小三年級，哪知道什麼靈魂出竅、什麼因果報應、什麼欠債還債……別說是當時了，即使到了現在，我也還是有很多不懂的地方。但無論如何，那確確實實就是徹底改變我整個人生的通靈初體驗。

在此之前，我不曾有過這樣的經驗，所以我認為這並不是我與生

俱來的天賦，而是在後媽無情施虐差點把我打到昏死過去的過程中，意外開通的能力。

關於「瀕死經驗」

20 世紀初以來，伴隨著瀕死經驗案例的累積出現、文章公開、刊登發行，吸引了越來越多的公眾注意力，也引來不同領域的研究者。

其中瀕死體驗基金會（Near Death Experience Research Foundation）擁有全球最大的瀕死體驗網站，分享了 23 種語言 4900 多種來自世界各地的瀕死體驗。

瀕死體驗基金會網址：https://www.nderf.org/Chinese/index.htm

QRcode：

1-3. 看見因果，看不見希望

藤條只是後媽用來施虐的工具之一，除此之外，她還有各式各樣的「創意」，比方說鐵棒。

後媽曾經用一根空心的長鐵棒來打我，一棍子打下來的時候，我第一時間的反應是：「好像沒有藤條打起來那麼痛耶！」所以當時還為此暗自竊喜。

結果沒想到，隔天我就血尿了。

這才知道，鐵棒打起來雖然不像藤條一樣會帶來皮膚表層的疼痛及痕跡，但卻會造成更嚴重的內傷，身體復原的時間也會拉得更長。

為什麼後媽會捨得對我痛下毒手？長大之後我一一回想她的所作所為，越想越是感到不可思議，一個人對另一個人如此暴力相向，而且是長期施虐，那背後是得有多嚴重的深仇大恨啊？但不應該啊！我對後媽沒有偏見，相處的時候也都乖順乖順的，即使挨打了也盡量配合，從不曾回嘴忤逆，更沒有想過要還手。

難道我單純只是後媽的出氣包？原本一個對我噓寒問暖、關愛有加的親人，為什麼會在一夕之間變成想要置我於死地的惡魔？

我想破頭也不想不出原因，但那個聲音把答案告訴了我。

原來，一切都是因果。

那個聲音通常都在我晚上入睡之前來找我，在我迷迷糊糊、似夢非夢的時候，開始講述我完全聽不懂的大道理。曾經有一次，祂帶我去看了宇宙的真相。首先我像是飄在空中一樣的被往上拉，我看著自己不斷地上升，眼前的房子變得越來越小，接著我看到了整個台灣、整個地球、整個銀河系、整個宇宙無限大的宇宙，在我眼前展開，我渾身起了雞皮疙瘩，完全說不出話來。直到現在，那無限大的一幕還鮮明地存留在我的腦海，但我依舊不知道該用什麼樣的方式來描繪形容。

接著，祂又帶我去看無限小的世界，從皮膚一路往內，看到組織、細胞、細胞核、分子、原子……我才知道，原來無限大跟無限小是一樣的，所有的一切，都有同一個本源——我們既很渺小，但又很偉大。

　　許多祂想告訴我的真理，我都是在長大之後，一點一滴慢慢地查找資料才終於理解的，不過當然，到目前為止，我還是有很多不懂的地方，持續努力學習中。

　　那一天，我又挨了後媽一頓揍，所以睡前特別不爽，有滿滿的怨氣需要發洩，於是在那個聲音浮現的時候，我立刻怒氣沖沖地質問：

　　「為什麼不救我？為什麼不讓我離開這裡？為什麼不阻止？為什麼要讓我一直被打？」

　　當時，祂的回答是：

　　「人間的因果，我不能干涉。」

　　後來我才知道，原來我的前世是一個紈褲子弟，仗著家裡有錢就到處拈花惹草、胡作非為，以現在的話來說，就是一個「渣男」。前世，我跟後媽有過一段因緣，當時我曾對她有非分之舉，害得她悲憤不已、選擇輕生。

　　這輩子，我就是來還債的。

這實在是沒有道理，上輩子的事又不是我做的，為什麼這輩子的我得付出這麼大的代價？在整整三年半的受虐期間，這個因果不因果的「答案」對我來說，一點幫助都沒有，而且神靈出現之後，也只是每天晚上來跟我講講話，白天醒來後，我依舊是後媽練拳的沙包，依舊每天過著戰戰兢兢、惶惶不安的日子。

我的呼救，只換來一句又一句「撐下去」的安撫。

更糟的是，我原以為後媽頂多就是打我罵我而已，沒想到她還有更狠的招數。

關於因果

佛教中認為因果法則是天然存在的，所造之業（行為）是因，報為果（後果），因和果輾轉相生，故稱為「因果報應」或「因緣果報」。

正所謂，善惡皆有報，不是不報，時機未到，時機一到，自然會報。

1-4. 不可思議的劇情真實上演 01

　　小時候，我們家住在高雄的左營，當時還沒有像現在這麼發達，四周也沒那麼熱鬧方便。我還記得我們是住在一棟五層樓高的公寓裡，由於就住五樓，所以頂樓的空間多半也是我們家在使用。那時我們養了兩隻狗，一隻米克斯、一隻狼犬，頂樓就是牠們的生活空間。

　　有養過狗的人就會知道，狗狗是需要帶出去遛一遛的，每天都必須花點時間陪伴牠們，讓牠們在外面解放解放，不然牠們就會在家裡隨地大小便。因為後媽平時得要照顧雙胞胎，所以遛狗的工作就落到了我的頭上。

　　每天早上，我大概都得四、五點就起床，趕緊把兩隻狗從樓上帶下來，花個十幾二十分鐘等牠們大完便之後，才能出發去上學。由於家裡住的離學校有點遠，所以儘管我天還沒亮就起床，但往往走到學校也差不多都是遲到邊緣。

　　長時間下來，我真的感到很疲憊，所以有時我會偷懶，早上睡晚一點，然後上去頂樓把狗狗大便掃到看不見的地方，以為不要被發現就沒事了。

結果有一天，後媽上頂樓發現了我的「傑作」，當下氣得像是發瘋了一樣，拿著藤條逼問我到底怎麼回事，我害怕得不得了，只能據實以告，沒想到後媽接著說：

「既然這樣，你就把這些狗屎都吃掉。」

怎麼辦？當下我的腦袋一直狂轉，但完全沒有想到任何行得通的方法。眼前只有兩條路，要不就是吃狗屎，要不就是再被用藤條狂打。後媽也沒打算給我太多的時間思考，一直在旁邊厲聲威脅。

於是，我吃了……

還記得我把狗屎塞進嘴裡的那一瞬間，我就像是人格分裂了一樣，精神又抽離了出來，一邊眼看著自己正在做「離譜到不可思議」的事情，一邊聽著那個溫柔的聲音緩緩地對我說：

「撐下去、要加油，過了就沒事了。」

撐下去，要加油！撐下去，要加油！撐下去，要加油！

　　如果沒有那個聲音一路陪著我，我想我是撐不過去的，畢竟除了戲劇演的之外，真的很難相信會有人能「狠心」到這種地步。

　　直到現在我還是無法理解，為什麼後媽有辦法對我做出這麼誇張的事情？原本那個慈愛、和藹，大半夜揹著我奔向醫院的人，究竟到哪裡去了？

關於《兒童及少年福利法》

2003 年，我國參照聯合國兒童權利公約的理念及規定，合併了 1973 年制定的兒童福利法（那麼早竟然就有兒童福利法？但我還是未能受到保護啊！）及 1989 年的少年福利法，制定了「兒童及少年福利法（簡稱兒少法）」。

發現兒童少年受虐或發生危險時，除了撥打 113 專線，也可以透過「社會安全網 - 關懷 e 起來」平台進行通報，或直接向各直轄市、縣（市）政府社會局通報。

「社會安全網 - 關懷 e 起來」平台網址：https://ecare.mohw.gov.tw/

QRcode：

1-5. 不可思議的劇情真實上演 02

　　2019 年，有一部改編自真實故事的韓國電影上映了，片名叫《孩子的自白》，導演借用了 2013 年 8 月發生在韓國慶尚北道的兒童遭虐致死案件改編成電影，狠心的繼母將丈夫與前妻所生的八歲女兒打到昏迷，送至急診室的時候已經失去生命跡象。導演在劇情中添加了許多施虐的情節，甚至為了增加劇情的張力，將故事改寫為一對姊弟一起遭受殘酷的對待。

　　這部片子的劇情對許多人來説，都誇張到不可思議，然而本片對我而言，卻反而像是貼近真實的紀錄片，因為那些一般人不曾碰過、根本難以想像的施虐內容，對以前的我來説，根本是家常便飯。

　　在《孩子的自白》中，有一段情節是小女孩被繼母拖到浴室接受懲罰，電影裡沒有把實際施虐的過程拍攝出來，只用水中啪噠啪噠的激烈掙扎聲代替，這種留給觀眾想像空間的拍攝手法非常成功，其中一幕懲罰結束後小女孩癱軟倒在浴室地板上的畫面，讓人不由得感到鼻酸。

　　這場戲對我來説意義重大，因為它讓我解開了久懸心中的一個謎團。

後媽開始動手打我之後，我挨揍的頻率就越來越高，原本是我真的犯錯所以被打，接下來漸漸地變成雞蛋裡挑骨頭，直到最後，打我再也不需要理由，只要情緒一上來，後媽就會對我施虐，哀號求饒的戲碼幾乎天天上演。

　　當然，那時還是有好心的鄰居會想向我伸出援手。當時的我們住在蓮潭會館附近的一棟公寓裡，由於當地還沒開始開發，所以四周仍有很多農田。那個年代，人情味很濃厚，街頭巷尾的鄰居們感情都很好，不過唯獨我的後媽特立獨行，跟大家都保持距離，主要的原因就是因為她的個性太強勢了。

　　有一次，我又被打得七葷八素，住在馬路對面的鄰居實在看不下去了，衝著我們家大喊：

　　「不要再打小孩了，你再打我就報警！」

　　結果後媽非但沒有受到影響，還大聲回嗆：

　　「關你屁事！這是我的家務事！」

事後回想起來，真的讓人對後媽個性的強勢感到印象深刻，畢竟一般人在面對外人的時候都會比較客氣圓融，想顧全面子「留一點給人家探聽」，但後媽完全就是不屑理會輿論的強悍性格，就算跟人撕破臉都在所不惜。

後來，鄰居真的報警了，但因為當時家庭暴力防治法還沒有訂定（1998 年才制定），家暴的觀念也還沒那麼健全，所以警察上門來也只是簡單做個詢問，說幾句：「不要打孩子了」、「下手輕一點」規勸了一下後媽，然後就離開了。對我來說，生活還是照舊，根本沒有任何改變。

到後來，可能是用手打會累，或者也可能是鄰居及老師的關注太煩人了，後媽開始改變策略，改在浴缸放滿水，然後再用力把我的頭按進水裡面。

沒錯，這畫面就跟電影裡演的一模一樣。

被用藤條打是皮肉痛，但頭被壓在水裡則是心理的恐懼，層級完全不同。看到《孩子的自白》裡小女孩倒在浴室的畫面，讓我那段塵封已久的記憶又再次甦醒。

長大成人之後，我對浴缸就一直有一種潛意識的抗拒，每次看到浴缸濕濕的，還有水痕，我就會受不了，非得拿布、拿衛生紙去擦到全乾才肯罷休。對於這樣的舉動，我沒有深入探究，後來看完電影我才明白過來，原來小時候被按在水裡的恐懼，還原封不動地保存在記憶深處，持續影響著我的生活。

　　為什麼會選擇用溺水的方式施虐？原因很簡單，因為這種方式能帶來極大的恐懼感，讓小孩子瞬間就範學乖，而且更完美的是——不會在身上留下傷痕。

　　我無從得知後媽究竟為什麼會想對我這麼做，也不曾想過要去找她問個清楚，對我來說，那些都過去了，我相信對她來說也是。

　　我把這些真實經歷過的故事說出來，為的是希望這世界上別再發生同樣的事情。人跟人之間，真的不該有那麼大的仇恨，一個人也不該如此殘酷地對待另一個人；尤其是，採取真有可能使人致命的方式施虐，這更是不該被允許、應該被絕對禁止的。

　　《孩子的自白》片中，有個善良的律師一直幫助小女孩到最後。現實生活中，我也遇到了不少願意幫助我的貴人，尤其感謝舊城國小的曹佩蘭老師，讓我能夠順利脫離這樣的生活。

虐兒事件仍存在我們身邊

根據 2022 年衛福部保護服務司統計，去年全台有 4 萬 4539 件兒少保護調查通報案件，成案 1 萬 1523 件。身體虐待占 67% 居首，其次為疏忽 13%、性虐待 11% 及精神虐待 8%，家長施暴過度管教仍居高不下，需要靠你我留心通報。

不要怕通報數高，這將有助於減少黑數的存在，加上醫療與關懷體系的合作，才能降低受虐兒被不當對待的風險。

1-6. 小小的善事，大大的回報

　　我在小學時期曾前前後後轉讀了幾間學校，跟後媽住在高雄的時候，就讀的是勝利國小以及舊城國小。在勝利國小就學時期，曾有老師在得知我的家庭狀況之後，試圖想出手相助，可惜最後事情仍舊被強勢的後媽給擺平了。

　　無論是勝利國小或是舊城國小，我走去上學的路上都會經過蓮池潭，當時從早到晚，潭邊都會有不少釣客在那邊釣魚。而且詭異的是，有些被釣起來的魚他們並不會帶回家，一釣上來就直接丟旁邊，完全不管魚的死活。後來我才知道，原來蓮池潭被屬於外來種的魚虎強勢入侵，潭裡頭多的是，這種魚並不好吃，也沒什麼經濟價值，所以釣客往往不會想帶回家。

　　看到那些魚在潭邊掙扎的樣子，小時候的我感到於心不忍，所以上學或放學經過時，只要有看到，我就會順手把魚撿起來丟回蓮池潭裡。對於我這樣的行為，釣客並不欣賞，還曾經有一個釣客為此拿著釣竿追著我打，而我也只能跟他說：

　　「魚好可憐喔，牠們會渴死的。」

這是我受虐生活中的小小插曲，我並沒有放在心上，不過有天晚上，一直都會來夢裡跟我說話的神尊顯像了，祂對我說了句：「你做得很好。」那時候我才知道，一直在我身旁眷顧著我、守護著我的神尊，是觀世音菩薩。

　　菩薩顯像的時候，周邊還有很多小小的光點，雖然菩薩沒有明說，但我立刻就能感受到那些光點就是被我丟回潭裡的小魚們。菩薩說：「你做得很好，你生命中的第一個貴人就要出現了，這個貴人會幫助你離開現在的家庭。」

　　仁慈的菩薩在我夢裡經常會講古文或文言文，三句話可能就有兩句我聽不懂，必須先問清楚意思，然後再慢慢理解深層的含意。但那天菩薩所說的話非常的淺顯易懂，我一聽就明白，但卻無法相信。

　　貴人？離開這個家？怎麼可能？

　　五年級上學期，我轉學到舊城國小，生命中的第一個貴人出現了，她就是班導曹佩蘭老師。她跟過往幾位願意伸出援手的老師一樣，替我想了很多辦法，更重要的是，她沒有選擇放棄，一直堅持到她做完所有的努力為止，最後也終於成功幫助我脫離了後媽的虐待。

還記得曹老師曾在聽完我的描述之後，霸氣地對我說：「不要回家，跟老師一起住。」我以為她只是說說，但她非但做到了，而且還做得非常徹底。為了避免被冠上「誘拐兒童」的莫須有罪名，曹老師聯合幾位平時交情比較好的家長，讓我以「A 同學家住幾天、B 同學家住幾天、C 同學家住幾天」的方式，在她居住的那個眷村社區裡接受保護。

後來，爸爸帶了好多警察來到眷村，強硬地要把我帶回家去，曹老師還堅決不肯，一個人挺身力抗。直到最後，公權力發揮了作用，我終究還是得回家去面對現實。曹老師陪著我回到家，語重心長地跟我說：

「你一定要想起來，看還有沒有其他親人能夠幫你。」

在這個過程中，曹老師哭了好幾次，我心想，一個跟我非親非故的人，居然願意做到這個地步，於是我卸下了心防，告訴她：

「我還有奶奶、叔叔。」

隔天，曹老師馬上就幫我找了奶奶跟叔叔出面，經過一番波折，終於把我從後媽的掌控中解救出來。

菩薩所説的第一個重要貴人，原來就是曹老師。

其實我認為站在教育第一線的老師們，都是很有愛心也很有耐心的，然而清官難斷家務事，真的能像曹老師這樣，用「豁出去」的精神去救一個孩子的人真的不多。因為在那個階段，我碰到過太多跟我說「我會幫你」的好心人，最後卻選擇了放棄，這對我來說將會是更大的折磨，畢竟期待越大，傷害越深。

但我還是覺得，我們可以對身旁疑似家庭暴力的狀況再稍微「雞婆」一點，無論如何這都是好事，至少可以讓受虐者知道「還有人在關心你」，並且也讓施虐者了解「有人正在盯著你」。

希望越大，失望越大。

《孩子的自白》電影中強調：家庭暴力不僅是家庭內發生，也是整個社會共構而成。

劇中受到繼母暴力相向的孩子，鼓起勇氣懷抱著求救的希望對外求助時，得到的卻是冷漠與忽視，這更是一擊重拳，使之對人性絕望。

懇請所有的讀者，留意你身邊可能需要幫助的孩子，你的「雞婆」將改變他的一生。

1-7. 刀子口、豆腐心

聽叔叔說，我爸跟後媽是在左營海軍軍區的俱樂部認識的。我爸是海軍陸戰隊「準少將」退伍，聽到軍種及官階，當過兵的男生應該都會很有感，基本上我爸走在軍營裡，幾乎是所有人都得向他行禮問好，所以儘管他大多數時間在我的生活中幾乎都缺席，我仍然因為有一個「當軍官」的爸爸而感到驕傲。

小時候，只要有同學跟我說：「你爸爸好帥。」我就會覺得很有優越感。

除了位高權重、雄壯威武之外，我對爸爸的印象就只剩下「打」。不常回家的他，只要一在家裡客廳坐下來，就是開始聽後媽的例行報告，盤點我在他固守軍營的這段時間裡，幹了哪些「好事」；而我爸也不失乾脆俐落的軍人作風，往往聽完立刻就是一陣打，沒有遲疑也沒在客氣。

另一件讓爸爸會打我的理由，就是教我功課的時候，尤其是數學。我爸的數學很強，國小程度對他來說是輕而易舉。願意要教我當然是件好事情；壞就壞在我的數學很差，是真的「很差」，一個簡單的算

式都得花很長的時間才能學得會，因此我爸總是會教我教到氣急敗壞。更重要的是，到最後我並不是真的「學會」了，而是「背起來」了。爸爸教我數學的方式還是一個字——「打」，但我原本的數學邏輯就很不好，怕被打的壓力又大到我難以招架，只好全部都用背的，幸好我的文科還算強，能夠靠「背書」來彌補數學能力。

究竟爸爸是否知道後媽對我的「嚴格管教」呢？儘管他未曾親口說出來，但我想他應該是知情的，因為我記得他曾經語重心長地告訴我：「她就是刀子口、豆腐心。」指的是我後媽雖然嘴巴上愛罵人，但心裡還是善良的。

就為了這句話，我在那段日子可說是過得相當矛盾，一邊想著「為什麼別人家的孩子可以過得那麼輕鬆快樂，我卻得過這樣的日子？」一邊卻又自省：「是我犯了錯，是我做得不好，所以才會受到懲罰。」

我到底犯了什麼錯？為什麼又被打了？後媽還在生氣嗎？該閃遠點還是可以靠近？當時的我生活就好比諜對諜一樣，無時無刻都全心投入了所有我所能動用的智慧與觀察力，在毫無規則可言的無盡家暴地獄中，想盡辦法地找尋讓自己能喘一口氣躲避凌虐的縫隙。

也就是因為這樣，我練就了還算堪用的「察言觀色」能力，從小

懂得看臉色，觀察爸爸、後媽、老師、長輩，讓自己成為大家眼中的乖學生、好寶寶；出了社會則觀察形形色色、各式各樣不同領域的人，為自己累積人脈資源。

很多人都知道我是高雄BNI富和分會的成員，並且在裡面擔任「導師」，跟各界菁英分享交流彼此的商場經驗。不過大家可能都不曉得，原來我顯現於外的開朗、幽默、和善、熱情，以及敏銳的觀察力、自然互動的交際力，其實都是源自於童年時期的「強迫磨練」。古人云：「棒下出孝子，不打不成器。」或許在爸爸及後媽「不合理」的雕琢下，我也算有點成器了吧。

事實上，就連現在的我想總結歸納自己的經歷，並如實地在書中分享出來的此時此刻，我仍舊能感受到那種隱隱作痛的矛盾情緒……

「刀子口、豆腐心」，多麼沉重的一句話啊！

愛之深，責之切

常言道：「天下無不是的父母。」然而本著「愛之深，責之切」的名義，卻仍舊有一些孩子正在你我身邊遭受過當的對待。

「暴力是會被複製的！」保護服務司長張秀鴛説，據分析施虐者缺乏親職知能占 84% 最高，其次施虐者親密關係失調占 27%，家庭經濟因素占 18%、施虐者酗酒或藥物濫用占 10%。

並不是有了孩子就懂得如何當父母，唯有透過學習，才能讓我們成為更好的自己、更好的父母。

1-8. 曾經受過的傷，全身細胞都記得

　　小學時，我的成績相當好，一路上都是第一名，從不知道第二、第三名是什麼滋味。不過，我並沒有因為這樣而覺得自己是學霸，也從未因能考高分就驕傲自滿，畢竟，我的優異的成績完全是後媽嚴格要求下所獲得的成果。

　　當時，每天清晨我都非常早起，趕緊遛完狗之後就開始溫習功課，直到時間差不多了才去上學；下了課回到家也自動自發，晚餐吃完如果沒有被後媽修理，往往就乖乖坐在書桌前看書。

　　因為害怕挨罵被打，所以我很努力地「背書」，無論任何科目，無一例外，就是用力背、死命背，這樣的學習方式純粹是為了應付考試，所以在學習的過程中，往往沒有充分理解，也不在乎邏輯。我想，在那個年代應該大部分的孩子都是這樣的過來的吧，尤其是在聯考制度廢除之前，學校成績就代表著畢業之後的出路，所以幾乎從小學三、四年級開始，課業壓力就會變得沉重數倍。

　　當時的我幾乎每個科目都是用背的，甚至連數學也是，因為我實在搞不懂數學邏輯，只能把公式全都背起來，甚至把算式也背起來。

前面曾提到過，我的爸爸數學程度很好，但這並不代表他很會教，於是原本應該是非常值得羨慕的親子互動溫馨場景，對我來說卻變成是痛苦的惡夢。我後來會對數學這麼抗拒，也是源自於此，一旦生活中需要使用到數學運算，我的心情就會受到影響，屢試不爽。

　　所幸經過曹老師的幫忙，我終於能夠脫離爸爸與後媽的控制，轉往叔叔家，跟著奶奶及叔叔一家人一起生活。後來又隔了一段時間，叔叔幫忙我聯繫上生母，她把我接去同住；從那個時候起，我就過著放飛的生活，上了國中之後的成績，更是跟小學時期完全不能比，數學很少考超過二十分，英文也都在四十分以下，唯一能搬得上檯面的科目，就只剩下國文。

　　為什麼會有這麼大的轉變？最主要的原因我想還是因為環境的改善。

　　原本我的日子過得水深火熱，不僅要什麼沒什麼，而且每天都生活在「回家後不知道會不會又被打」的恐懼之中，整個人緊繃的不得了；後來跟著生母，她對我萬般呵護、有求必應，對我的成績也不會瘋狂強逼，所以我真的感覺到自己像是從地獄一下子被帶到了天堂，每天都過得很放鬆、很快樂，無憂無慮。

在那段時間裡，我大約胖了有十公斤左右，體型才總算好不容易變得跟一般同齡人差不多，可見先前的我到底有多瘦弱。

到了國三準備要考高中聯考時，我收心努力，認真地拚了一陣子，才順利考上了崑山工商專科學校（現在的崑山科技大學）的環境工程科，雖然數學、英文等大部分的科目分數都普普通通，但最讓我感到驕傲的是：我的國文拿下了 198 分，差兩分就滿分了。我對國文非常有興趣，且自小就十分喜歡寫作，因此從小到大，陸續都有身旁的朋友會來問我：國文怎麼讀？怎麼考高分？通常我只會簡單帶過，但其實我內心清楚知道，小時候會來夢境裡跟我說話的觀世音菩薩，就是我國文能力如此堅強的最大原因。

對一個十出頭歲的孩子來說，文言文就跟外星語言沒什麼兩樣，但菩薩總是會用古老而優美的文言文來跟我溝通，幸好菩薩非常有耐心，遇到我聽不懂的詞彙，祂會停下來慢慢解釋說明，也因此國文課本裡面的內容根本就難不倒我，就連文言文的翻譯我也都能信手拈來。

上了國中之後，我可說是徹底放下了學霸的身分，不是我考不到好成績，而是學習從此在我的內心裡留下了陰影，尤其是數學，每當那些公式、算法、數字等等來到我眼前時，我就能感覺到自己的身體不由自主地緊繃起來，因此我知道，那些痛苦的回憶儘管我很想忘記，

但全身的細胞都還記得。所以一旦我有選擇的餘地時，我會寧願跟那些容易讓我陷入焦慮緊張的元素保持一個適當的安全距離。

數學，不會就不會吧，20 分就 20 分吧。與其說這是我的一種叛逆，倒不如說這是一種與生俱來的保護機制。

天生我材必有用

每一個孩子都是最獨特的，數學不好、英文不好，那又怎樣？我自己就是個活生生的例子。現在的我，憑著自己的能力，發揮自己的長處，一樣能在社會上貢獻自己，找到自己的一席之地。相信自己，找到自己的價值，你也能找到屬於你的幸福人生。

1-9. 歲月從沒饒過誰

在奶奶出殯的那一天，我見到了許久不見的爸爸。

當時的我已經三十幾歲，跟爸爸有超過二十年的時間沒有碰過面。對我來説，小時候的經歷就好像是上輩子的事情一般，而跟著生母一起生活的我，則宛如浴火重生，儘管感到慶幸、感到開心，但卻不想再去接觸那團曾經傷得我體無完膚的烈火，就連想起都不願意。

説起來，爸爸並不是沒對我好過，例如教我數學，就能稱得上是一種疼愛，只可惜他所用的方式不是太好。另外，還有一件使我到現在仍銘記在心的事情，那就是記憶中軟嫩香甜的奶油吐司。

爸爸平常軍務繁忙，總是隔了很久才回家一趟，每次他一回來坐在客廳，看到我背著書包正要去上學，就會塞個十元給我當零用錢，而只要我拿到這十元的零用錢，就會到學校的福利社去買塗滿厚厚奶油的白吐司來吃，那個香味、那個口感，我到現在都還記憶猶新。

照道理來講，爸爸的軍職收入應該是很穩定的，但是後媽從頭到尾都不曾給過我零用錢，所以我格外珍惜爸爸給的十元。不過，每每

一拿到錢，我都會當天就馬上用掉，從沒有想將錢存起來的想法，主要是因為害怕萬一被後媽發現之後，這個小小的福利就會被沒收。

那個當年會塞十元給我當零用錢的爸爸，在奶奶的告別式上就站在我的旁邊，以前我都得要仰著頭看他，直到那天我才發現，原來他並不高，瘦瘦小小的身材，讓滿頭的白髮看起來更加顯眼。

他真的老了，跟我記憶中的父親形象完全不一樣了。

在那個當下，一陣一陣的酸楚湧上我的鼻頭，一方面是奶奶的辭世讓我感到惋惜，一方面是驚訝地發現，即使強悍如爸爸，也捱不過歲月。

我問我自己：「你還在恨什麼？」

對啊，還恨什麼呢？二十年過去了，爸爸都老了，我也長大了，再也不是那個毫無反抗能力，只能呆呆地任人痛打的小孩子了。再多的怨懟、再多的不諒解，也無法抹煞他讓我來到這個世界的恩情。

看著爸爸佝僂的身影，我感覺到心底堅硬如鐵的某些部分，開始鬆動了。

奶奶出殯的那天，我們幾乎沒有講話，各自忙碌著，不過在那之後我心裡就一直想著要彌補一下父子之間的感情。終於有一次，我好不容易鼓起勇氣打了一通電話去給爸爸，結果沒想到那通電話只維持了不到半分鐘。

我說：「是我。」

爸爸立刻在電話那頭問道：

「有什麼事？」

能有什麼事呢？我只是想跟自己的爸爸講講話，只是想再叫一聲爸爸，但這該怎麼表達呢？正當我支支吾吾不知該如何開口的時候，爸爸接著說：

「沒事掛電話。」

就這樣。

對！那通電話真的就是這樣結束的，那種像是撞到牆一般的冰冷

感覺，是種無可比擬的尷尬，讓我直到如今仍然完全沒有勇氣再打第二通電話過去……

原來不恨了、放下了，並不代表雙方的關係就會因此獲得救贖。

後來雖然我和爸爸還有在掃墓的時候碰到面，不過真的就跟「最熟悉的陌生人」一樣，儘管知道彼此在場，但誰也沒有想要先過去跟對方打招呼，就連互相對視點頭也沒有。

對我來説，當爸爸講出「有什麼事」、「沒事掛電話」的時候，其實不只是強制中止了那通電話，同時也為我和他的這段關係，畫下了句點。

只能繼續前行

說實在的，要一個經歷傷痛的人放下沉重的過去，是多麼不容易的一件事；然而，只要能正視並接受那些都已經過去，活在當下，就是向前跨了一步。不恨了、放下了，雖然雙方的關係仍無法修復，但至少放過了自己。

未來的路還很長，我們只能繼續前行。

1-10. 找回真正的自己是一條漫長的路

　　爸爸跟生母在我很小的時候就離婚了，後來爸爸隔沒多久就跟後媽在一起，並且組成了新的家庭。由於當時的我年紀真的太小了，所以我完全不知道這些過程，直到後來叔叔把我從那個家帶出來之後，我才透過他的描述，得知事情的全貌。原來讓我來到這個世界的母親另有其人，而對我無情打罵的，其實是沒有血緣的後媽。

　　我從國小一、二年級開始受虐，好不容易到了四年級下學期，在曹老師的插手協助之下，結束了長達三年多的惡夢，我終於脫離了原本的環境，到叔叔家過新的生活。

　　不過，雖然奶奶和叔叔一家人都對我很好，但由於是陌生的新環境，所以我還是有些戰戰兢兢。

　　記得有一天晚上，我睡到半夜起來上廁所，發現客廳的燈還亮著，於是我停下腳步稍微聽了一下，結果原來是叔叔跟嬸嬸正在討論事情。聽著聽著我慢慢意識到，他們正在討論關於我的事。「讓他爸出點生活費」、「送去他生母那邊」……諸如此類的話語，一字一句都讓我心痛不已，我這才恍然大悟地理解到，原來就算我逃離了那個家，

以為終於能找到温暖，但我在這個家其實也不受歡迎。

　　儘管這已經是非常久遠的一件小事，但現在回想起來，還是會感到有些揪心。我知道叔叔嬸嬸會這樣想是很正常的事情，畢竟家裡多一個人就多一分負擔，而且現在的我相當清楚正能量的重要性，對於任何事情也都會採取正面思考的態度去面對；然而説實在的，當時的我內心真的就只有一個想法：

　　「我到底做錯了什麼？為什麼非得遇到這些事不可？」

　　搬到叔叔家之後，我也從舊城國小轉學到忠孝國小，所以從五、六年級起，我是在忠孝國小上的學。接著很快地，叔叔幫我連絡上生母，而她也非常願意帶著我一起生活，從此寄人籬下的生活也就此畫下句點。

　　就像我先前所提到的，生母對我相當好，簡直到了有求必應的程度，在她的照顧之下，我的身型從原本的瘦弱乾扁，慢慢也長出了肌肉、變得結實，前後增加了 10 多公斤，整個人都變得不一樣了。

　　我之所以會如此確定自己已經變得跟過去不同，是因為有一次後媽突然帶著雙胞胎妹妹跑來忠孝國小來找我，兩個童言童語的妹妹，

在看到我的時候喊了聲哥哥，但卻又馬上改口說：「那不是我的哥哥。」

我心想，現在這個才是正常的我。

為什麼後媽會特地到學校來找我？直到現在我仍然不知道答案。當老師告訴我：「你媽媽來找你，在司令台後面的穿堂等你。」我以為是生母來了，興高采烈地往穿堂跑去，結果一看到是後媽帶著雙胞胎妹妹，我馬上轉頭就逃，那真的是我這輩子跑得最快的一次。

回到教室後，我跟老師說：「那是我的後媽。」老師大致知道我的情況，所以當後媽牽著雙胞胎找到教室來的時候，被老師擋在外面，經過一番溝通，才把後媽給請了回去。就是在那個時候，雙胞胎妹妹隔著窗戶喊我，那也是我最後一次見到她們。

一直到現在，我跟後媽以及這對雙胞胎妹妹完全沒有再聯繫過，我希望她們過得很好，也希望她們永遠都不要知道自己的媽媽曾經是個家庭施虐者。

外在的身形可以透過營養、透過日常照顧來恢復，那麼內心所受的創傷呢？三年多的漫長時間，一千多個受虐的日子，我甚至還發生

了幾次瀕死的經驗，這些傷痛的回憶該如何抹去？我的性格及思維又受到了多少影響？原本真實的我，還能找得回來嗎？

從自我意識開始覺醒之後，我就一直想要找出這些問題的答案，只能說，找尋自己真的是一條漫長的路，直到現在，我也都還在路上。

一刀兩斷，各自安好

根據研究數據顯示，許多家暴加害人事實上在童年都曾遭受過親人的暴力對待，家庭內的暴力行為似乎經由「代間傳遞」變成一種惡性循環。我的後媽是否小時候也曾經被暴力對待，這一點不得而知。但我希望兩個雙胞胎妹妹，永遠都不要知道自己的媽媽曾是個家庭施虐者，這是我誠心的祝福。

第二章

找尋自我之路

Chapter Two

2-1. 我的生存之道

在受虐及瀕死經驗的加乘之下，我意外獲得了能夠與高維度存在溝通的能力，在那段時間裡，觀世音菩薩總會在午夜夢迴的時候進到我的夢裡跟我聊天，用文言文說了好多故事、好多道理，並且在我聽不懂或有問題的時候，耐心地給予指導。可以說，從小神佛就在訓練我感同身受的能力，讓我不僅能夠在艱苦的生活環境下撐過去，還練就了察言觀色的本領。

為了怕被打，我變成一個心細且敏感的人，在別人還沒開口說話之前，我往往就能從肢體語言判斷出一些資訊，當然一個人說話的語氣，以及話語背後的意涵，也都逃不出我的「火眼金睛」。在家裡，我費盡心思順著後媽，藉以降低可能受到的傷害；在學校，我也會盡可能配合老師及同學的好惡，讓自己得人緣，能過得輕鬆一些，這就是我的生存之道。

我之所以能建立起察言觀色的能力，除了怕被打之外，基本上也要感謝神佛的耐心教導，畢竟當時的我年紀還小，很多人情義理並不那麼熟悉，因此必須仰賴睿智的神佛給我指引。

不過，神佛雖然非常願意不厭其煩地來陪伴我、教育我，但是卻不會直接給我最終的答案，長大之後我才終於想明白，原來祂們是要讓我自己透過如此跌宕起伏的生命體驗，去為自己尋找解答。

　　比方說，小時候我就經常會問：

　　「為什麼別人家的孩子都可以過得那麼幸福，我的生活卻是這樣？我到底做錯了什麼？為什麼非得遇到這些事不可？」

　　這個問題自始至終我都沒得到過答案，直到長大成人，我漸漸放下對爸爸及後媽的怨懟，並且開始理解他們很可能是基於恐懼與無知而做出種種荒唐的行為之後，才慢慢能夠體會這些經歷背後的價值。

　　我想，這世界上跟我一樣有受虐背景的人一定很多，甚至此時此刻也一定都還有無助的孩子正在某個角落裡等待救援。我的痛苦過程，讓我清楚知道受虐的孩子所需要的幫助是什麼，因此一有機會，我就會盡可能的分享，同時也會經常提醒大家「多雞婆一點」，多關心神情有異的孩子，哪怕只是多問一句，都有可能扭轉受虐兒的人生。

　　我並沒有「我不入地獄，誰入地獄」的高尚節操，也絕不是什麼悲天憫人的大善人，我只是真實的經歷過宛如地獄般的生活，知道那

到底有多痛苦，所以發自內心希望不要再有人必須體驗同樣的事情。

　　至於「為什麼我非得過這樣的日子不可？」真正的答案我還在找尋，或許有可能真的如同柯Ｐ所講的：「追求這個問題的答案，就是這個問題的答案。」

只有痛過了才知道，那也是養份

在巨痛來襲的當下，你說這也是種學習，沒有人願意心悅誠服的接納。然而，時間是最好的良藥，隨著歲月增長，切身的痛楚成為記憶中的一部分，慢慢地才能品嚐出回甘的滋味。甘苦、甘苦，有甘就有苦，笑中帶淚的這種滋味，我也算是親自體認了。

2-2. 放飛自我

自從國小五年級脫離了暴力的環境之後，我的成績開始一落千丈，尤其是在上了國中之後，英文很爛，成績總是在四十分左右徘徊，數學更糟，基本上從沒超過二十分，因此平均來說，我的成績一直處於後段，唯一表現最好的科目，就是國文。

為什麼我的成績會從原本的名列前茅，快速摔落到吊車尾？其實主要原因就是一種「放飛自我」的心態。

跟後媽一起生活的時候，由於她相當愛面子，總會要求我考取好成績好讓她可以拿去炫耀，所以我每天都會自動自發地清晨 5、6 點就起床看書，對於不擅長的科目也是死背活背、誓拿高分。即使後來到了叔叔家，我也還是維持著勤奮向學的形象，畢竟寄人籬下，還是要乖一點。

直到生母來把我接走，並且開始無微不至地照顧我，才讓我徹底放下了沉重的壓力，找回生活的節奏。

那時候的我，心裡想的就是玩、就是放鬆，什麼功課、什麼成績，

我都不想管太多，整天悠哉悠哉的，真的就像重獲自由返回大自然的小動物一樣。

不過，就算我對學習如此鬆懈，但我的國文成績卻還是能維持在高檔，國三參加高中聯考時，我的國文分數甚至還拿到 198 分的高分，且滿分 50 分的作文我拿到了 49 分，可見我的撰稿能力確實得到老師們的認可。

在前面第一章中，我提到自己的文言文其實是跟觀世音菩薩學的，因為菩薩開口閉口都文謅謅的，且大部分的用詞都相當古老，這也造就了我的古文素養，寫作文的時候用上個一、兩句，往往就能讓分數飆高。

比方說，菩薩曾在夢中向我解釋《道德經》的內容，以「玄之又玄，眾妙之門」這一句來說，意思就是：「自然規律或宇宙法則非常玄妙，讓人看不清、搞不懂，但是所有事物的真理，卻又蘊含在其中。」

第一次聽到「眾妙之門」這個詞的時候，我根本完全聽不懂，尤其是在夢中迷迷糊糊的，哪還有什麼思考能力？只好一句一句詢問，然後硬是把意思先牢記起來。就這樣，我的古文理解能力慢慢提升，

同時也開始迷上了閱讀，因為我發現，不管是現代小說或是經典名著，我都能一看就懂，而且內容都非常有趣。

雖然我說自己在上了國中之後就開始徹底放飛，但我的放飛方式並不是跟同儕組成團體，像小流氓一樣到處惹事，而是把大部分的時間都用來做自己感興趣的事情，其中一項花了我最多時間的興趣，就是閱讀。

民國七、八○年代所流行的福爾摩斯、亞森羅蘋等小說類讀物，我全部都看完了；四大名著中的《西遊記》我也從頭翻到尾看過了幾遍，而且可能沒有多少人知道，一般人熟知的白話文西遊記，是經過後人翻譯重述的版本，其實吳承恩所寫的《西遊記》，真正的原文全部都是以七言絕句寫成，從第一回到第九十九回，每一句都是七言絕句，在我小學四年級的時候就已經看完整本的原文版本了。

我想，我之所以會熱愛閱讀，而且看書的速度又那麼快，應該要歸功於神佛給我的訓練。

放飛自我的國中三年很快就過去了，眼看「一試定生死」的高中聯考已經近在眼前，我才趕快收起玩心、好好念書。最終成績出爐，我考上了崑山工商專科學校（現今的崑山科技大學）的環境工程學系，

不過一進了校門之後，我又開始「不務正業」，花了大把的時間窩在圖書館看各式各樣的書籍，其中，尤其是心理學方面的書籍，讓我最是感興趣。

悠遊書海，世界無限寬廣

求學階段，不管是什麼學科，都像是壓在肩上的重擔，使我們喘不過氣。然而撇開教科書不談，若真有讓你樂在其中，廢寢忘食也甘之如飴的閱讀體驗，你會發現，書中的世界是那麼寬廣，那麼自由。

學海無涯，書中自有黃金屋，書中自有顏如玉；找尋自己的興趣所在，你也能開發屬於自己的康莊大道。

2-3. 曾以為自己是神經病

　　崑山科大的圖書館非常棒，環境舒適、適合閱讀，而且藏書豐富，所以我一進校門就常常往圖書館跑，只要是文字類的書就抓起來看，特別是心理學方面的相關書籍，更是認真研讀，我這麼做的目的只有一個，那就是——「找答案」。

　　為什麼我的人生會是這樣？為什麼我的爸爸跟後媽要這樣對待我？為什麼別人的人生就那麼順遂？這一切都是我的錯嗎？我還能算是一個正常人嗎？

　　雖然我在小學五年級離開了暴力家庭，但心靈所受到的嚴重創傷仍然緊緊糾纏著我。為了讓自己好過一點，我會先設定一個自己想要的答案，然後再回過頭去翻閱相關書籍，拚命找尋可以印證答案的資料，這就是我用來欺騙自己的方式。

　　雖然我知道這個方式有點扭曲，但我就是得這麼做，心裡才會覺得舒坦一些。

　　記得我那時大概是小學六年級吧，有一次我聽到學校的輔導老師

跟叔叔的對話，當時我還住在叔叔家，所以輔導老師找叔叔到學校溝通。

當時輔導老師說的話讓我印象深刻，一直到現在都還記憶猶新。

老師說：「像這樣的孩子，很容易會變成壞孩子，因為他們會想要藉由叛逆的行為來讓自己感覺好過一點。」

我後來想想的確如此，社會上多的是小時候家庭不健全的人，在成長過程中因為被憤怒或悲傷的情緒淹沒，進而養成反社會人格，最終成為社會治安的不定時炸彈。但為什麼我沒有走偏？我想最重要的原因是因為我一心只想尋求答案，我從沒有打算要藉著叛逆的言行來表達不滿或懲罰任何人，我只是很想知道：「這些事情，為什麼偏偏發生在我身上？」

當然，我可以走在正途，沒有行差踏錯，還是要感謝神佛在這個過程中的陪伴與教導，然而在看了越來越多書、吸收越來越多知識之後，我對於自己能夠與神佛溝通的能力卻越發排斥，因為我認為，那極有可能只是我所創造出來的「另一個人格」。

我只想當個正常人，不希望自己有什麼奇奇怪怪的能力，只要能

證明自己是正常人，跟身邊的所有人一樣的正常人，那麼也就表示過往所受的傷已經可以放下，因為我很正常，這表示「受虐的往事並沒有影響到我」。

舉個簡單的例子，後媽曾把我的頭壓入裝滿水的浴缸內，讓我無法呼吸、驚恐萬分，所以後來我就非常排斥浴缸，光是看到都會覺得很不舒服。這件事我透過閱讀找了個合理的答案企圖圓過去，我告訴自己：「我不需要怕浴缸，傷害我的不是浴缸，這件事已經可以放下了，會傷害我的人已經不會再出現了。」

結果，多年之後我搬進了新家，終於跟浴缸再次交手，這才發現，我對浴缸的愛恨情仇全部都還在，沒有消失；我甚至無法忍受浴缸中出現水滴、水痕，曾經，以往我所認為的「放下」，其實不過是自欺欺人。

我想當個正常人，或者應該說，我希望自己是個再正常不過的平凡人，所以我變得越來越抗拒自己的能力，因為有不少心理學的專業書籍都有提到，像我這樣的狀況，很有可能是人格解離。

會不會一直以來，我根本都是在跟另外一個自己對話？會不會我其實早就在受虐的過程中瘋掉了、變成了神經病？如果真是如此，那最好的方法就是把能力封印起來，假裝沒有這麼一回事，這麼一來，或許我就可以恢復成正常人了。

　　於是我開始抗拒神佛，每當聽到聲音或感應到訊息，我就會不停地對自己說：

　　「你是不存在的、你是我想像出來的，你是假的、你是假的！」

　　甚至我還曾憤怒地對著神佛大吼：「不要再來煩我！」

　　從那時候起，這樣的對話的確慢慢消失了，神佛選擇退居幕後，放手讓我去自行探索。

　　而這一探索，就是二十年。

跟多數人一樣，就是正常？

人們往往習於從眾，總覺得跟多數人相同，就能生活在同溫層，安於在舒適圈，能彼此抱團取暖。然而，事實上這樣的和諧只是一種假象。善用自己的判斷，用自己的智慧尋求內心的解答，就算與眾不同，也要學著欣賞自己的獨特。每個人都是不一樣的花，有的芬芳、有的紅艷、有的清新、有的優雅，每一位都有自己獨一無二的美。

2-4. 一抵抗就是二十年

　　國中三年，儘管我的生活已經有了一百八十度的大逆轉，但我或多或少還是會跟神佛溝通，維持著一定的互動頻率，但是在考上崑山之後，我的思維隨著廣泛的閱讀而拓展開來，「想要當一個正常人」、「想要融入同儕團體」等想法越來越強烈，於是我開始抗拒通靈能力，而這一抵抗，就持續了超過二十年的時間。

　　在這個過程中，雖然神佛並沒有主動來找我說過些什麼，但還是有示現一些神蹟讓我能夠感受到祂們的存在，只是我太「叛逆」了，一直都以視若無睹的方式來面對。

　　首先是緊追不捨的蝴蝶。在崑山時，有天上課我發現到一隻蝴蝶停在教室的天花板上，因為牠長得很特別，所以我對牠留下了印象，沒想到放學之後，當我回到宿舍，又看到那隻蝴蝶停在門口，這還不夠稀奇，隔天我從台南搭火車回高雄返鄉，當下我心想：「這次總不可能再跟過來了吧？」沒想到抵達高雄一下火車，就又看到牠了。

　　台南跟高雄兩地距離幾十公里，真不知道蝴蝶究竟是如何完成這個不可能的任務？就算那是兩隻不同的蝴蝶，要長得這麼像，而且都

還精準地出現在我所處的位置，這樣的巧合發生的機率，算起來也相當低。我相信這是個神蹟，或許神佛想要藉由這個方式來告訴我些什麼，或者是給我些提醒。但說實在的，雖然我當時的確有注意到，但還是選擇置之不理，因此我從沒有搞懂那隻蝴蝶想傳達給我的訊息到底是什麼。

另外一個神蹟是關於九二一大地震。其實不只九二一，每當台灣要發生驚天動地的大地震之前，我都會做一個奇怪的夢。在夢境中，我會看到一個「雲裂開」的畫面，連續做了幾晚同樣的夢之後不久，往往就會發生地震。我國小時甚至還有一次，是真的親眼在學校操場上看著天上的雲朵緩緩裂開，事發當下讓我感到驚慌不已，結果隔沒幾天就發生了大地震，只不過當時我還沒有意識到這兩件事情中間的關聯性，事後才想通——這意思就是「天崩地裂」吧！

九二一大地震發生的那個禮拜，我每天晚上都會在夢裡看到雲裂開的畫面，我隱隱感覺到異樣，內心也知道是神佛來提醒我地震即將到來，但我就是不想管，幸好當時我及我的家人朋友們都沒有因地震而出現傷亡。

從崑山畢業之後我簽了志願役，當了五年的軍官，隨後出了社會開始工作賺錢，在這個過程之中我始終知道「那個能力還在」，但我認為自己已經克服它了。也就是說，前後這二十年，我一直都把通靈

能力當成是一種疾病，雖然還無法擺脫，但至少我已經可以按照自己的心意去控制，在我心中，那就等於是把另外一個自己給封印起來了。

結果，就如同我在自序中所提到的，2019 年當我到聖山「稻城亞丁」旅遊，在海拔 4300 公尺的地方與神佛展開直擊靈魂的對話：

「你這輩子一直在拒絕天賦，這樣真的有比較好過嗎？」

當時我腦中一接收到這個問題，立刻淚如雨下，因為我知道，我真的抗拒太久太久了。

壓抑不是辦法

所謂封印，其實就是一種壓抑。壓抑無助於紓解壓力，總有一天仍要炸鍋。

在很久之前，佛洛伊德（Sigmund Freud）就提出過，當人們有一些不願回想的創傷經歷與情緒時，試著傾訴和表達出來，能夠減少長期的情緒困擾。

後來的一些臨床研究也指出，當人們有一些不願擁有的想法和情緒時，不去壓抑而是專注去想，面對它，反而會有真正的幫助。

2-5. 漫長的過渡期

從國中、高中，一直到出社會工作、創業的這二十年，我將其視為「找尋自我」的一個階段，畢竟把通靈能力拋開之後，我依舊不清楚自己到底是誰，來到這個人世間有什麼使命，甚至我依然還是搞不懂，為什麼自己非得體驗受虐不可？

在這段時間裡，我雖然想盡辦法冰封自己的能力，但對於生命的意義、宇宙的起源、神佛高靈是否真的存在，乃至於各個不同的宗教，我都感到非常好奇，並且也藉由大量閱讀的方式，企圖解開謎題。

記得是在國一時，有天我去書局閒逛，沒想到在莫名其妙的角落裡發現了一本闡述外星人信仰的書，裡頭提到有一群人相信外星人真的存在，於是便組成了一個新興宗教團體，他們共同的信念及目標就是要蓋一間地球的大使館，作為迎接外星訪客的基地。

書裡的內容我已經忘得差不多了，只記得當時我彷彿找到了一個新天地，外星人、多重宇宙、不同的維度空間等全新的概念讓我感到興奮不已，於是我便鼓起勇氣，照著書本最後面的連絡資訊打了電話過去，就這樣加入了這個新興的宗教一段時間。這是個很有趣的人生

小小插曲，但卻也奠定了我對信仰的態度。對我來說，任何事都是有可能的，因此我不會對自己設限，畢竟那些我們看不見的東西，並不見得就代表不存在。

在我就讀專科的時候，也發生過一件對我影響深遠的事情。我讀的是環工系，但由於我的中文能力還算可以，並且也喜歡閱讀，所以在挑選社團時就加入了校刊社，後來還成為了社長。

專三暑假那年，我們這些從外地來的住校生接到了校方的通知，要求我們在九月開學前得要搬出學校宿舍，把床位讓出來給學弟妹。按照學校的規定：四、五年級生不能再住學校宿舍；但我認為那是學生的權利，不能因為年級不同而有差別待遇。

於是我發揮了校刊社的經驗，將想法製作成傳單到處廣發，開始對此事進行抗爭，結果搞到被教官約談，最後還是得照著學校的規定搬到校外。

雖然抗爭無果，不過這件事對我日後的人生來說還是意義非凡。試想，我原本是一個受到爸爸及後媽虐待的小孩，面對強勢並握有權力的人，我的直覺反應就是順服、低頭，以及忍耐，要我鼓起勇氣挺身對抗，真的很不容易，因為那代表我必須得面對恐懼、扛起壓力。

所以我才會說，專科時代的這個小小抗爭，真的可以算是我人生中的一個小小里程碑。

真正的勇敢是面對恐懼

每一個人內心難免都有脆弱的部分，但是否能克服困難，端看自己如何面對恐懼。害怕失敗、擔心被排擠、沒有自信、怕遭非議……這些都無可厚非，然而，一旦當我們能鼓起勇氣，正面迎戰擋在心門前的關卡，便能脫胎換骨，成為一個更好的自己。

2-6. 弄清楚自己到底是誰

　　從求學階段的莽莽撞撞，到進入社會之後歷經幾次創業的起起伏伏，這一路走來我最大的心得就是：「人一定要先搞清楚自己是誰。」這一點若套用在創業職場上來說，那就是：「要先搞清楚自己有幾兩重。」

　　其實人生在世，不管是求學、上班、創業，或是在家相夫教子當家庭主婦，首要之務一定都得先好好認清自己到底是誰，如此一來才有辦法可以好好迎戰這個變化快速的世界，要是不清楚自己是誰，每天過得渾渾噩噩，生活難免會變得一團糟。

　　最能夠體現「沒搞清楚自己是誰」或「不重視自己是誰」的例子，就是台灣極為盛行的創業加盟跟風。

　　每到炎熱的夏天，眼尖的人應該都會發現，大街上又開了好幾家新的手搖飲或冰品店，然而到了冬天，這些新開的店面大部分已默默關門、淘汰出局。為什麼會這樣？主要原因就是大部分的人在創業時，都沒有先掂掂自己的斤兩，反而把「好不好賺」放在第一考量。

就連我自己也是如此，在第一次創業的時候，我選擇了發展加盟體系的公司，沒想太多就一股腦兒大手大腳的投入，為的就是這份事業看起來「很好賺」。結果很快地，我就嘗到了苦果，因為自己對事業內容並不熟悉，再加上台灣的加盟體系也不如想像中那麼友善，導致我很快就鎩羽而歸，等於花錢去請人為我上了一堂創業的課。

有了這次失敗的經驗，我在第二次創業時就格外小心，任何細節都盡可能做到完美。當時我選擇的是手機通訊行，而且還遇到了 3G 升級 4G 的換機潮，等於有了天聽開局的感覺，不過可惜的是，這份事業也沒能堅持多久，因為我還是犯了一個同樣的錯誤：

「覺得會很好賺。」

我之所以選擇通訊行業，並非因為我具備什麼相關技能或知識，對於手機我也沒有多大的興趣，只是單純的認為這一行「應該有賺頭」。因此經營了一段時間之後，我就察覺到狀況不對勁了，除了業績下滑得很嚴重，幾乎搞到損益兩平、瞎忙一場之外，更重要的是，我發現到自己對這份事業缺乏熱情、沒有動力，就在那時候，我想起了聖嚴法師的處事四態度：「面對它、接受它、處理它、放下它。」

睿智的聖嚴法師認為，當一個問題產生的時候，第一步一定要先

好好面對，只要你願意凝視問題，不選擇逃避，那麼問題就不再是問題。接下來的步驟就是好好接受、好好處理，最後無論有沒有處理好，都要好好放下、不再罣礙。

因此，當我意識到手機通訊行可能並非適合我的事業，我隨即開始構思退場機制，在虧損擴大之前，我擬定了兩條退路：一是將整個店收起來，一了百了；二是將店面盤給適合的人繼續經營，把這間店轉手出去。

我把盤店的消息放出去後，沒多久就來了幾組人馬，後來也順利讓其中一組我認為最適合的老闆接手經營，我得以全身而退。

事情全部都處理好了之後，我就放下了。因為我知道即使再生氣、再不甘心，那些已經投入的時間跟金錢也不會回來，重要的是——我知道自己不能因為一、兩次的失敗就變得裹足不前、灰心喪志；所以很快我就重振旗鼓，在天時地利人和都相互搭配的情況下，開啟了如今的「方震精油堂」事業。

有朋友說，我這份精油事業是因為與神明相關，所以才會得到庇佑，做得如此順利，但我自己清楚知道，方震精油堂之所以能夠成功，主要原因就是「這是我真的喜歡、並且發揮自己天賦」的事業。

因為喜歡，所以創業過程中的辛苦操勞，都能甘之如飴；因為喜歡，所以即使還沒開始賺到錢，我也知道自己有能力把事情做好；因為喜歡，所以我的用心才能夠得到消費者的共鳴。

至於方震精油堂在創立的過程中發生了哪些故事，我會在第四章做詳細的說明。

認識自己，樂在工作

工作，不但能帶來物質的報償，更能讓人享受到自我實現的滿足，過程中所有讓人備感艱辛的壓力與挑戰，也將是生命中最珍貴的淬煉。

認識自己，找到自己的方向，無須與他人比較，活出自己獨一無二的價值與光彩。

第三章

媽呀！我中風了！

Chapter Three

3-1. 即將到來的一個大劫難

大概從 1990 年代開始，我就深受高血壓的困擾，這是我與生俱來的基因所帶給我的禮物之一。

基本上，為了維持身體的健康，我必須定期服用血壓藥，但由於吃了之後會產生包含頭暈、走路會喘、無法提重物等等的副作用，所以，對於血壓藥我可說是又愛又恨，經常不聽醫生的建議自行停藥。

讓我以過來人的身分在此向大家粗略分享一下高血壓這個文明病。

無論你的狀況是遺傳造成，或是後天的生活習慣累積而來，凡是血液的收縮壓長時間維持在 130 毫米汞柱（mmHg）以上，就表示你的血壓已經不正常，雖然不見得一定得吃藥控制，但絕對有必要好好審視自己的生活，並改掉影響血壓的壞習慣，像是抽菸、喝酒、熬夜、暴飲暴食等等。

一旦經過專業診斷確認為高血壓患者，就務必聽從醫生的建議服用降血壓的藥物，可別像我一樣，自以為可以控制。

報章雜誌或各式媒體上，經常可以看到「運動有助於控制血壓」的說法，其實這是一種誤導。根據醫生專業的說明，除非你的運動量能達到像運動員一樣的強度，每天以心跳平均超過 130 下的訓練方式維持六個小時以上，不然想要靠運動來改善高血壓或控制高血壓，幾乎是不可能的事情。

　　行政院衛生署推行「運動 333」多年，提醒我們每周至少運動三次、每次超過 30 分鐘、心跳達到每分鐘 130 下。但這個建議只能維持最基本的健康，並不足以幫助我們改善高血壓的症狀，你可千萬別誤會了。

　　總之，我大概從二十多歲開始，血壓就差不多都維持在 160 ～ 180 毫米汞柱之間，而我的身體也已經習慣了這樣的血壓，所以每當吃下降血壓的藥物，讓血壓降回 140 毫米汞柱以下時，我的身體反而會產生種種不舒服的反應。

　　對我來說，這真是個矛盾的兩難。如果不吃藥，一旦當我情緒太激動，或是壓力過大時，血壓很容易就會飆破 200 毫米汞柱，這可是會爆血管的程度，相當危險；但假使一吃藥，我又會頭暈到事情都沒辦法好好做……所以這一路走來，我等於是一直在跟血壓拔河。

　　2020 年，我接觸到了一個非常好的機會，能夠幫大社慈德宮南宮紫府的九天道姆（也就是大家俗稱的九天玄女）製作一檔電視節目。我非常珍惜這樣的機緣，因此出錢出力、親力親為，一心想把節目拍好。

　　節目拍攝完成當晚，忙完了拍攝工作之後，當我拖著疲憊的身軀回到家，已經是凌晨十二點多，我幾乎是一沾床就進入了夢鄉。

　　然後，我做了一個相當真實的夢。

　　在分不清究竟是醒著還是睡著了的情況下，我發現自己手裡捧著一把黑色的藥丸，而且上面還浮現了「九天玄女」四個字。正當我感到困惑不已時，一個聲音告訴我：

　　「這把黑色的藥丸，會幫助你度過一個即將到來的劫難。」

　　當時的我不明就裡，也沒怎麼把這件事放在心上，直到 2021 年 7 月 12 日，我才終於明白所謂「即將到來的劫難」究竟是什麼。

健康小常識

一直以來，當血壓數值高於 140 ／ 90（收縮壓／舒張壓）毫米汞柱，就會被認定是罹患了高血壓，不過在 2017 年 11 月，美國心臟協會發布了高血壓標準值的最新治療指引，重新定義血壓達 130 ／ 80 即為高血壓，意思是正常人在血壓達到這個新的標準時，基本上就是健康亮黃燈的警訊，必須好好開始控制血壓了。

3-2. 醫師說：「你真是不知死活！」

　　2021 年 7 月 12 日下午四點半左右，當時我人正在家裡和商業夥伴開著線上會議，突然感覺到渾身不對勁，一開始是胸口悶，然後那種感覺漸漸蔓延到四肢，接著全身開始嚴重地冒冷汗，而且還有點呼吸不過來。雖然很不舒服，但我心想，有可能是那陣子壓力太大造成的，所以我吞了兩顆普拿疼之後，就去躺著睡覺了。

　　到了隔天 7 月 13 日，我醒來時已經是中午左右，身體不對勁的狀態依舊持續著，儘管還能走路，說話好像也沒問題，但有個狀況卻讓我大驚失色——我沒有辦法正常地把水喝下去了！

　　我拿起水杯一喝，水立刻就嗆咳了出來，我心想「狀況不太對！」立刻撥了電話給朋友，並告訴他：

　　「我很不舒服，幫我叫救護車。」

　　過沒多久，我就被送進了高雄長庚醫院……

事後在我比較清醒時，聽見醫生笑罵我說：「你真是不知死活！很多中風病患延誤就醫，就這樣死在家裡……」

　　到了醫院之後，我馬上被安排了一系列檢查，不過初步並沒有查到問題的肇因，接著又花了點時間做Ｘ光、心電圖及核磁共振等檢查，經過了一番努力，才在我的左後腦發現了血塊及腦溢血的狀況，確認是「阻塞性出血」，也就是俗稱的腦中風。

　　一般而言，腦中風患者有所謂急救處理的黃金三小時，但對我來說，早就已經超過不知多久了。醫生會說我不知死活，是因為很多人不知道事情的嚴重性，發病了還認為沒什麼大不了，跟我一樣覺得躺回去睡一覺就會恢復正常，結果就這麼失去了生命。

　　我算是特別福大命大，延誤就醫了整整一天的時間，還好幸運地並沒有造成太多嚴重的永久性傷害，這是第一件神奇的事情。

　　再者，我的左後腦有血塊、血管也爆裂了，但蔓延出來的血液卻沒有壓迫到主要的神經，以檢查結果來看，可以說是「巧妙地避開了重要神經」，這是第二件神奇的事情。

　　根據醫生的診斷結果，我的狀況是「開不開刀皆可」，如果不開

刀的話，就必須大量地施打點滴，讓血塊自然代謝掉。

針對開不開刀這個問題，我靜下心來懇請神佛指示，並得到了無需開刀的回應，因此我告訴醫生，我決定「不開刀」，並開始接受為期一個禮拜，每天打四包點滴的療程，好不容易終於順利讓血塊化開。

在確定不用開刀之後，我定了定心神，開始盤點檢視自己的狀況。首先，我的四肢不太能動，僅能勉強翻身；說話還行，並沒有太大影響；真正影響較為嚴重的是吞嚥的能力，由於控制食道與氣管分流的那個神經已經受損，導致我無法正常吞嚥，必須靠鼻胃管來輔助飲食及服藥。

其實在急救的過程中，醫生原本認為有必要將我送進加護病房，不過我自己感覺並沒有那麼嚴重，後來也證實我的情況算輕度接近中度左右，所以直接從急診室轉到了神經內科普通病房。

住院到了第四天，我的意識變得清楚許多，初期由於看到的世界都像在天旋地轉，一睜開眼頭就覺得暈到不行，連天花板地磚的筆直線條在我眼中都呈現扭曲，因此我幾乎整天都閉著眼睛休息。

思考能力恢復之後，我就立刻展開自我評估。因為我是高血壓患

者，在商業保險之中屬於弱體，所以沒有辦法購買一般保單。少了商業保險的保障，我唯一能夠依靠的就只剩下國家健保。在健保能夠給付的範圍之內，我必須盡快讓自己恢復到生活能夠自理的程度，而這當中最大的關卡，就是受損最為嚴重的吞嚥功能，當然四肢無法動彈也是一大問題。

正當我反覆在心裡沙盤推演未來的復健之路時，緊接著，第三件神奇的事情發生了。

關於腦中風，主要分成三種：

1. 缺血性腦中風：又稱腦栓塞，是最為常見的腦中風類型，起因是血塊或脂肪流入腦部後堵塞了腦血管。

2. 出血性腦中風：又稱腦溢血，主要的起因為血壓過高。

暫時性腦缺血發作：又稱小中風。

※ 小提醒：正確的檢查診斷是很重要的，透過核磁共振能很清楚知道身體心血管到底出了什麼毛病，就算檢查可能需要自費，但身體的健康更寶貴喔！

3-3. 不知道在樂觀什麼

　　從急診處被轉了出來之後，我住進了一間三人病房，並睡在靠窗的床位。我記得，在住院的第四天晚上，有三個靈體來到了我床邊，分別是兩男一女，可能是因為他們感應得到我的特殊體質吧，三人圍著我開始跟我抱怨了起來。我聽他們說了一會兒之後，大致了解了情況。原來他們都是有冤情的，希望我能幫忙處理，但我自己泥菩薩過江，自身難保；都已經躺在病床上動彈不得了，哪裡還能幫上什麼忙？況且說實在的，即使我健健康康、一切安好，也不知道能怎麼幫助他們。

　　半夢半醒之間，我用意念向他們說明了我的想法，他們聽到後一起飄到稍遠的地方討論了一番，然後又飄回來告訴我：

　　「謝謝你聽我們說話，我們有個禮物要送給你。」說完之後，三人一起指向一個方向，就在我病床的斜前方，然後他們就一起消失了。

　　為了想知道他們究竟送給我什麼禮物，我想起身去拿，就在那一霎那，我醒過來了，並發現自己正坐在地板上。

當時萬籟俱寂，幫忙來照顧我的朋友正熟睡著，其他兩床的病友也發出安穩的鼾聲。

「我怎麼會坐在地上呢？」實在想不通。

為了不把其他人吵醒，我自己努力抓住床邊的護欄，慢慢將身體挪回床上。我非常確定這整個過程是確實發生，我並不是在作夢，地板的冰涼觸感、為爬回床上過程的辛苦，都是如此真實……於是我了解到，那三個靈體想送給我的禮物，就是透過這件事讓我知道——我的身體是可以動的。

這真是一份令人驚喜不已的大禮。

隔天醒來，我所做的第一件事就是嘗試著自己站起來，我使盡吃奶的力氣坐到床邊，把腳放在地板上，然後用力一蹬！結果因為雙腳無力，我重重地摔倒在地。也就是因為這樣的一個小插曲，我才知道原來長庚醫院對於病人跌倒這件事非常重視，只要一有發生，護士就必須要寫報告，所以當時護士把我扶起來了之後，還念了我一頓，警告我不可以再這麼莽撞。

　　然而在那個當下，不管護士說了些什麼，我都不在意，因為我的內心正暗自竊喜：

　　「我可以動、我可以走路！」

　　「太好了！」

　　後來在插著鼻胃管的那段時間裡，我三餐都只能灌食亞培營養素，按照我的狀況，理當每天灌食六瓶營養液，但由於以往我對乳製品就不太能夠接受，那會讓我感到反胃不舒服，果不其然，亞培也是如此；所以，我頂多一天只能灌食三瓶營養液，硬生生少了一半。

　　結果，我的體重很快就從 83 公斤掉到 73 公斤，整整瘦了一大圈。

　　雖然我的體重產生了劇烈的變化，而且未來身體能復原到什麼程度也都還不清楚，但我就是感到相當平靜，連自己都不知道自己是在樂觀什麼。

　　醫生告訴我，依照健保局的規定，腦中風患者一經主治醫生認定，即可行使重大傷病身分的權益，不須再向健保局申請「重大傷病卡」；不過腦中風的重大傷病權益期限僅有一個月，頂多只能在主治醫生的

簽核下再延展一個月時間，所以，對我來說，事情就變得很單純了
——

「我只能把握健保給付的兩個月，一定要進步到能把鼻胃管拔掉。」

就這麼簡單。

「一般來說，病患一旦插了鼻胃管，大多需要半年左右才能拔掉。」根據醫生的統計數據，吞嚥功能從喪失到恢復，一般都得耗上好幾個月的復健才有可能恢復，不過對我來說，我只有兩個月的時間，而且前面的急救治療已經花掉了一、兩個禮拜，得抓緊時間趕快復健了，否則若真的得住院半年，扣掉健保給付的額度之外，剩下的四個月醫藥費可不是一筆小錢。

住院的那段時間，我真的不知道自己在樂觀什麼，反正心裡篤定認為不會再出什麼大事，最糟也就是這樣而已。從頭到尾的整個醫療過程，我的心情都相當穩定，內心也很平安。

等療程告一段落，我出院後去拜謝神明時才知道，原來自我發病當下開始，就有一尊十分強大的護法神將守護著我，而九天道姆賜給我的那一把黑色藥丸，也適時地救了我的命！

關於缺血性腦中風

缺血性腦中風是台灣目前最常見的腦中風類型，中央健保局自 2004 年 1 月 1 日起，將急性缺血性腦中風病患發病黃金三小時內緊急治療用的血栓溶解劑（t-PA）納入健保給付，藉以增加中風病人的康復機會，減低失能風險，大幅降低中風失能臥床的後遺症。

3-4. 復健之路

　　我自訂的「不到兩個月內恢復飲食自理，進而拔掉鼻胃管」目標，看在醫生及護士眼中，應該是個不可能的任務，但在我眼中，卻是個一定可以達成的目標。

　　不過，為了讓復健的速度加快，我得要先從神經內科病房轉到復健科病房才行，畢竟轉過去之後才會有專業的治療師能幫助我做復健。

　　然而糟糕的是，我的血壓卻一直降不下來，所以就算神經內科願意放行，復健科的醫生也不敢收我。

　　想要轉到復健科，我的血壓得降到 140 毫米汞柱左右才行。

　　我向神佛祈求，誠心地將我的想法一五一十地說了出來，希望神佛能助我一臂之力。

　　結果，當天我就做了一個夢。

我所住的神經內科病房位在九樓，而整棟建築物是十四樓高。在夢裡，我看到天花板開了一個洞，透過那個大大的洞，我可以看到外頭的藍天白雲，看著看著，突然間我發現有大批的天兵天將快速地朝著我降落下來，直到快接近我的時候，祂們便一個一個的縮小身形，然後便進入我身體各處。當時我心中只有一個想法：

　　「天兵天將開始工作了。」

　　雖然當下我不知道結果會怎麼樣，但我卻發自內心地覺得「沒問題了」。果然，隔天一早醒來，護士量了我的血壓呈現 143 毫米汞柱，血壓真的降下來了。

　　明明連吃幾天降血壓藥也降不下來的數據，沒想到在一夜之間就來到了可以轉往復健科的程度。

　　護士說：「再觀察個一、兩天，若血壓沒有再飆高，就可以去復健了。」

　　消息傳開之後，復健科的醫生還特別跑來查看我的狀況，結果證實我的血壓的確是下降了，於是我也就順利地展開了復健之路。

　　復健是一件苦差事，尤其是對剛中風的人來說，更是如此。像是隔壁床的病友，每到了該復健的時間，就會嚷嚷著這裡痛、那裡痛，不願起床做完治療師所安排的療程。其實這真的很可惜，畢竟中風的復健也是有黃金期的，在病發的三個月之內，若能把握時間好好鍛練，成效往往都相當顯著。

　　由於我已經打定主意——拚在兩個月內拔掉鼻胃管，並直接出院回家休養，所以不管有多痛、有多累，我都一定會照著治療師的吩咐把復健療程做完，甚至還會自己加碼多做一點。

　　除了積極復健肢體之外，找回吞嚥能力也是我努力的重點之一。

　　為了盡快拔掉鼻胃管，我花了不少時間用手機上網找資料、看文獻，結果發現光是插不插管治療就分成了兩個派別，而其中不支持插管的那一派，認為只要透過喚醒身體的記憶，就有機會讓受損的部位恢復原本的功能，即使神經損傷，無法再生，透過身體其他鄰近部位的支援，還是有可能讓功能恢復得越來越好。

　　好啊！既然有專業文獻及案例的背書，那我也就不客氣了，開始直接向我的語言治療師詢問：

「我能不能開始練習吞一些流質的食物？」

雖然治療師笑笑地沒有多說什麼，但我知道她已經默許了。

於是，我開始執行起自己的瘋狂計畫。

把握半年黃金期，積極復健

腦中風需先度過「急性期」，後續進入「亞急性期」才是真正復健的開始。

前半年是黃金治療期，是神經自我修補速度最快的時期，若患者接受正確治療，復健效果會加倍！尤其腦中風病人相較一般人肌肉流失速度快，若超過兩周不動作，就會開始迅速退化，因此遵循正確的治療方式、積極復健，才是關鍵。

3-5. 挑戰以最快速度拿掉鼻胃管

我的訓練方式很簡單，同時也很暴力。一開始，我先用棉花棒沾冰的美式咖啡，一點一滴慢慢地喝下去，順利完成之後，使我信心大增；接著我準備連跳好幾級，直接挑戰吃下整個便當。

由於我的吞嚥能力已經喪失，也就是在食物進入食道之後，負責把氣管蓋起來的那塊肌肉已經失去了作用，所以任何異物通過喉嚨，對我來說都是非常刺激、非常難受的。食物或飲料即使是有好好地通過食道，我也會咳個不停，更不用說若食物不小心跑進氣管，那將讓我咳到像要窒息……所以當我開始嘗試恢復飲食時，光是一個便當我就得花至少兩個小時才能吃完，期間還必須消耗整整兩大包的衛生紙；因為在我咳嗽的時候，難免會把食物給一起吐出來，至於眼淚跟鼻水，也是像不用錢一樣地狂噴。

在用餐時間發出如此大的動靜，當然會引來關注，況且這也算是一件挺危險的事情，畢竟如果一不小心真的噎到了、喘不過氣了，一定會給醫護人員帶來更大的困擾，所以當時不管是醫生還是護士，都曾過來進行勸阻，但我跟他們掛保證：「我會自己負起責任。」他們才肯放手讓我嘗試。

就這樣練習了半個月左右，吃便當對我來說已經沒有太大難度，我也對自己的計劃產生了信心。不過，在拔掉鼻胃管之前，我還有一個非常困難的關卡必須要挺過去，那就是——在十分鐘之內喝掉200c.c.的「白開水」。

為什麼白開水會是最後的大魔王？為什麼喝水反而比吃便當還要困難？其實道理很簡單，那是因為水的流動速度太快了，沒有任何介質可以讓食物通過喉嚨的速度放緩，所以水一入口就會往下衝，一旦喉嚨的肌肉來不及反應，就會嗆到。

在正式測驗之前，我曾跟復健階段一直陪伴著我的好友黃建瑋說：

「小黃，下禮拜我就要期末考了。」

把喝水測驗形容為我的期末考，真的一點也不為過。因為咖啡、豆漿、茶水等等的飲品，對我來說，都沒有那麼困難，唯獨就是白開水最讓我感到害怕，所以我用破釜沉舟的鬥志告訴小黃：

「從現在開始，我每天都要喝完一整個水壺的水。」

　　經過一整個禮拜的積極練習，我終於真的在治療師幫我測驗的時候，順利的克服了大魔王！治療師笑著跟我說：

　　「恭喜你，我會跟護士長報告這件事。再觀察個三天，我想你應該就可以拿掉鼻胃管了。」

　　一聽到這句話，我內心真的又激動又興奮，簡直就跟期末考拿下了第一名一樣開心。

　　後來當我終於拔掉鼻胃管時，輪班的其中一位護士因為不知情，一見到我就緊張地大喊：

　　「你又自己把鼻胃管拔掉了！」

　　她會有這樣的反應，主要是因為我住在復健科病房時，曾有多次自己動手拔掉鼻胃管的不良紀錄，原因是「真的太不舒服了」。每每當我怒氣一上來，就會幹出傻事。但是，冤枉啊！這次我是真的「合法」拔掉鼻胃管的，那位護士了解實情之後還驚訝地說：

　　「護士當了十幾年，你是我看過最快拔掉鼻胃管的中風病人。」

說到這裡，我想真心地對所有在醫療現場第一線照顧病人的醫護人員說一聲：

「謝謝你們，辛苦了。」

真的辛苦了。嚴格說起來，我並不是一個乖巧的病人，每次發脾氣拔掉鼻胃管的時候，護士們不僅得要迅速趕來處理，而且事後都還得要寫報告說明原委，我等於是增加了她們非常多的工作量，現在想想真的很不好意思。

腦中風吞嚥障礙的復健與治療

醫師通常優先從正常人的吞嚥三個步驟了解病患問題，再決定如何復健：

1. 口腔期：透過教病人做一些嘴唇與舌頭的運動訓練復健。

2. 咽喉期：以溫度刺激法來誘發吞嚥反射，環咽肌無力的病人可以教他們做「Hawk 運動」。

3. 食道期：吞嚥功能在「食道期」受損的病人，須尋求外科手術治療才能獲得永久的改善。

3-6. 凡殺不死我的，必使我更強大

　　我成功挑戰自己一個月拔鼻胃管、一個半月後出院回家休養，到現在講話順暢、行動自如，大部分的人都看不出我曾中風過。能夠做到這樣的程度，我想最大的關鍵在於——我堅持強逼自己一定要定時復健。所以我想再次重申，復健真的很重要，好好遵照專業的醫師或復健師的安排，別想偷懶也不要偷工減料，堅持一段時間之後，身體一定會給你意想不到的反饋。

　　截至書寫的目前為止，我都仍然維持著每周固定復健兩次的頻率，抵達醫院之後，我固定會做兩件事：第一就是針灸，在身上扎滿滿的針，藉以暢通經絡、舒筋活骨；第二就是跟復健師玩「你丟我撿」的遊戲，復健師把東西丟出去，我負責去撿回來。

　　你丟我撿聽起來是個簡單、乏味的活動，但對我來說卻意義重大，因為我的狀況是平衡障礙，所以光是「彎下腰去撿」的這個動作，就花了我好多時間練習，過程中不知道跌倒了多少次，身上的烏青破皮總是好了又傷、傷了又好，但我從來沒有想過要放棄，每個禮拜時間一到，我一定會乖乖地去找復健師報到。

我的物理復健菜單除了你丟我撿之外，還有 S 型走路、籃球的運球、走平衡翹翹板之類的動作練習。在發病之後的六個月期間，我的進步幅度真的非常小，相較於拔掉鼻胃管的「有感進步」來說，身體協調性就恢復得相當緩慢了。

　　不過，由於我的努力不懈，在復健師眼中，我算得上是復健成效相當不錯的中風病患之一。我自己也觀察到，有些在醫院一起復健的「同學」，就是因為三不五時會想偷懶、想翹課，所以身體的狀態不僅恢復得不理想，甚至還每況愈下。

　　中風，或者說是身體的某些機能退化、功能喪失等狀況，對每個人來說肯定都是重大事件。曾有智者說過：「人生成就的高低，端看你如何面對挫折。」意思就是個人成就的高與低，跟其「危機處理」的能力是呈正比的。尼采（Friedrich Wilhelm Nietzsche）所言：「凡殺不死我的，必使我更強大。」說的也是同樣的道理。

　　當人們面臨健康出現重大挫折時，你面對問題的態度將決定你後續的人生走向，這是必然的。

　　每個人的生命經驗都各不相同，我的中風體驗及復健過程，也許對你不見得有多大的參考價值，但我仍希望，透過真實的分享，讓更

多人在面臨生命重大挫敗的時候，能夠有「面對它、接受它、處理它、放下它」的勇氣。

　　面對挫折壓力時，每個人都會有不同的心境，也會做出不同的選擇，我想說的是，任何選擇都沒有對錯，關鍵在於「好好地對自己的選擇負起責任」，這才是最重要的。

判斷腦中風的 FAST 要領：

急性腦中風的黃金 3 小時搶救時間非常重要，第一時間發現之後立刻送醫，往往就有機會將傷害降到最低。

如何判斷自己或身旁的家人親友是否有腦中風症狀？可以透過以下方式做初步的判定：

F（Face）：觀察臉部表情是否有不對稱的情況

A（Arm）：單側手臂是否無力下垂

S（Speech）：說話時是否口齒不清、有大舌頭的狀況

T（Time）：記下發現以上症狀的時間，然後趕快叫救護車

3-7. 呀呼！我又能開車了

除了拔掉鼻胃管之外，在我復健的過程中，還有一個非常重要的目標，那就是重新開車上路。

要開始說明這個目標之前，得先來聊聊我的愛車。

我有一台開起來還滿不錯的車子，那是娘娘（九天玄女）賜給我的。在我剛開始經營現在的精油生意時，剛好我經常前去參拜的慈德宮要搬遷到台南，但當時的我我還沒開車，只使用機車代步，不僅未來要到台南距離很遠，日常洽談生意或收送貨品也有些不方便，於是我就向娘娘祈禱，希望自己很快能有能力買一台車，結果娘娘給我的回應是：

「不用擔心，很快會有。」

我沒有懷疑娘娘的說法，只是無法想像，短時間之內，買車的錢會怎麼蹦出來？結果過沒多久，有個過往跟我交情很不錯的貴人跑來找我，一劈頭就跟我說：

「我想投資你。」

這位貴人是我在當職業軍人時期的好兄弟,我們雖然不在同一個連隊,但卻生活在同一個營區,彼此經常有機會碰在一起,不知不覺就建立起患難與共的好交情,直到兩人退伍之後,也都還是保持著密切互動。

在那個當下,我並沒有聯想到車子的事情,而且自己創業的金流還算穩健,暫時沒有增資的必要。對我來說,我擔心兄弟之間一旦扯上金錢,關係就會變得複雜,況且我的生意性質比較特殊,旁人插手進來不見得是好事,所以基於珍惜友誼的前提之下,我婉謝了他的好意。

針對這個決定,其實我也不知道是對是錯,因此我特別請示了娘娘,希望祂給我一個指示,結果得到的答案卻是:

「你就答應他吧。」

於此同時,貴人又再次跟我聯繫,他改口:

「不然我投資你一台車吧。」

「好啊。」我立馬爽快回應。

於是，我就擁有了一台愛車。

　　正因為這台車子對我來說意義如此重大，所以我不希望自己因為中風就必須將它轉手處理掉，「讓自己恢復到可以開車的狀態」這樣的目標，也就自然而然地萌生了。

　　復健經過了六個月的黃金期之後，身體的進展其實十分緩慢，甚至還出現過停滯期，即使我加重訓練的力度，也不見有什麼起色。我想，應該有不少跟我遇到相同狀況的人，就是在這個階段棄守的吧！但我從來沒有因此中斷復健，每個禮拜還是像上下班打卡一樣，準時去跟復健師玩你丟我撿、讓中醫師在我身上針灸扎滿了針……這一切讓我能夠撐下去的主要原因，就是重新開車上路的這個目標。

　　經過了超過一年的努力，我終於對自己的身體能力恢復了信心，

還記得睽違許久再次坐上駕駛座的那天，我仍然緊張猶豫了好久，反覆將引擎啟動又熄火了好幾次，好不容易在做好心理建設之後，才緩緩地把車開出停車場。

在住家附近繞了一圈，並且順利地把車停好之後，我內心的雀躍只有一個字能形容，那就是：「爽！」

現在的我可以開著車在市區穿梭，雖然車速不快，也還不敢開上高速公路，但這樣的進步對我來說，已經是意義非凡，而且也讓我有了無比的信心，我相信，只要繼續堅持復健下去，我一定可以找回以前享受暢快開車的手感。

寫在這裡

以上，純粹是分享筆者自己中風的就醫紀錄，希望能鼓舞每一位遭受病痛磨難的朋友。每個人的狀況不同，有任何就醫需求，請務必洽詢正規醫療體系進行進一步的諮詢。在此我也祝福，與我有類似狀況的朋友們，能不畏復健的挑戰，持之以恆，順利找回健康的自己。

第四章
我眼中的大千世界

Chapter Four

4-1. 信仰與宗教

在開始進入第四章的內容之前，我想先好好地說明一下我自己的立場。

就像第一章之中所提到的，由於童年時期嚴重受虐且多次瀕臨死亡的經歷，使我開啟了一個「不尋常」的能力。不管這個能力被賦予什麼樣的名稱，通靈也好、靈異體質也行、光之使者也罷，都無損於這份能力所帶給我的另類人生。

簡單來說，我的能力就是可以與不同維度的靈體溝通，也就是說，我可以透過意念與一般人所認知的神佛進行有來有往的互動交流。在前面的章節聊完我大半輩子的人生經歷之後，接下來我希望可以藉一些篇幅來描述一下「我眼中的大千世界」。

對我來說，信仰可以是非常多元、跳脫框架的，每個人都可以擁有自己的信仰，只要你發自內心地相信、真心誠意地敬畏，那麼信仰就一定能帶給你穩定心靈、持續向前的力量。

不過，我想要特別強調的是——「信仰並不等同於宗教」。

宗教是由人所創，其目的是為了滿足（或者該説是配合）人類的需求，基督教、回教、佛教、道教等等，皆是如此。也就是因為宗教領域中的經典論述、繁瑣儀式、規範戒律等，基本上幾乎都是人為創造的產物，所以我才會對宗教採取較為保留的態度，不認為萬事萬物都可以藉著依附宗教的光環就無限上綱。

總而言之，我的信仰觀念是開放的、包容的，但我對宗教的態度則相對保守。

在得知我有「不尋常」的超能力之後，周遭的朋友們就經常會圍繞在我的身邊問東問西，而我也會盡量在合理的範圍內給予回應，讓提出問題的人都能在當下透過我的傳達接收到一些「有用」的訊息。當然，我們都是人，不是神，所以訊息為何如此呈現？是否真的「有用」？我並不見得完全都能理解，但我相信每件事情的發生，背後一定都有其意義，只是可能當下的我們還未能參透而已。

在所有的問題之中，有一個題目出現的機率相當高，那就是：

「我們所敬拜的神佛，是外星人嗎？」

這是個很有趣的問題，而我會給你的答案也不遑多讓：

「你覺得是就是。」

為什麼我會這麼回答？原因很簡單，因為我不希望將自己的想法
及觀點灌輸給他人，我的生命體驗是專屬於我的，如果有人想聽的話，
我將非常樂意分享出來，讓大家聽聽看當個參考；至於聽者想要如何
解讀那些故事，那完全是個人自由，我不會干涉，也不會在意。

我認為這樣才是「信仰自由」的真諦。

每個人都有適合自己的信仰模式或對象，而我所接觸到的，我所
看到的，我所擁有的體驗，對我來說都是真的，但我也非常清楚，那
並不能代表全部，更不會是真理。

神佛會以各種不同的形象出現在不同人的面前，用最有效率的方
式將祂們認為「當下人們需要知道」的訊息傳達出來，但祂們所做的
也只是傳達訊息，接收到訊息的人將如何解讀，後續會做出什麼反應，
就不是祂們所能控制的了。

這就是事情的真相。

所以，神佛是外星人嗎？我沒有正確答案，但如果大家想聽的話，我倒是有一個真實故事可以分享。

信仰不等於宗教

信仰，是一種相信的堅定信念，不受限於宗教中人為的繁文縟節、儀式規範，面對祈求不存疑，完全的相信，進而全然交託。

4-2. 進入化境的不思議世界

提起九天玄女，大家的腦海中會浮現的形象應該相差無幾，可能就是穿著古裝彩衣，頭戴鳳冠、手執法器，表情慈祥溫暖的莊嚴女像。對我來說也是如此，九天玄女的法相就是傳統宮廟中神尊的樣子，所以當我在化境中與娘娘互動時，內心確實受到了小小衝擊。

化境中的九天玄女，完全顛覆了所有人的既定印象。因此我要再次重申，這只是我個人的經驗，分享出來是讓大家當作參考，以及多一個思維角度，每個人都可以自由評判、自由想像，若是有相同經驗的人，更歡迎來找我一起討論。

關於化境

在故事開始之前，讓我們來科普一下化境的涵義。

所謂的化境，指的是超脫凡塵的一個境地，具體表現可以說是跟日常半夢半醒的感覺類似，只是化境更加真實，也更加玄妙。

進入化境也可以說是靈魂出竅前往不同維度的空間拜訪，從身體的束縛中解開，只以意識神遊太虛。

大約在我中風之前的一、兩年，也就是我在稻城亞丁聖山重新面對自己的能力之後不久，有天夜裡我突然進入了化境（詳見本節註解），睡夢中一閃神，人就進入到了一個圓形的飛行器之中。因為那個場景真的太科幻、太神奇了，超乎我們現在所有的智慧與想像，我將盡我所能的用文字如實描述。

　　那個飛行器漂浮在半空中，環顧四週全都是透明的材質，圓形空間的中央還有一根大大的半透明圓柱，裡頭還有橘紅色的光點在跑竄。剛進入這個空間的一瞬間，我楞了一下，有種不知身在何方的錯愕，但很快地就明白過來，自己正置身於一個類似像飛碟的飛行器之中，而那些橘紅色光點，應該就是動力的來源。

　　放眼望去，整個環境空蕩蕩的，除了我之外，就只有另一個「人」在現場。在看到這個「人」的時候，我並沒有害怕的感覺，反而覺得安心、覺得熟悉，因為我沒有感受到任何威脅。

　　不過，這個「人」的模樣真的是超乎我的想像、難以形容，若要說祂是外星人，我想一點也不為過。

　　先從眼睛說起吧，我看到的是一雙像蛇又像貓的眼睛，眼球是細細長長的，而且顏色是金色的；再來是皮膚，全身發黑，而皮膚外層

感覺像是穿了件「衣服」，那是一層透明的氣膠，稍微泛著一點亮光，看起來濕濕滑滑的。

最讓我感到不可思議的是，這個「人」的背上揹了一個有點像盾牌也有點像龜殼的東西，上面有十二個黑色的螺旋。我的直覺告訴我，一個螺旋就是一個宇宙，由於我實在太震驚也太興奮了，所以一直盯著那些黑色的螺旋看，結果下一秒一個聲音透過意念傳過來，在我的腦海響起：

「你不用再看了，這些東西你以前就都看過了。」

原來如此，眼前的一切，我的確在之前就曾片段片段地體驗過，整個化境的場景也讓我有種「並不意外」的感覺。

於是我穩了穩心神，提出了我的第一個問題：

「你是誰？」

4-3. 九天玄女對話錄

在透明的飛行器中，我把握機會提出了好幾個問題，而且也都得到了滿意的答覆。

首先第一個問題「你是誰」一發問之後，我的腦海就立刻竄出一個聲音：

「你已經知道我是誰了，不需要我再解釋。」

於是從那之後，我就開始稱呼這個「人」為「娘娘」，因為在我的心中毫無疑問地，祂就是九天玄女。

接著我問：

「娘娘，你為什麼要用這樣的形象來到我的面前？」

娘娘的回答是：

「因為你的信仰態度比較開放，所以我們願意用真實的樣貌呈現在你面前。」

　　如果當時有其他人在現場看著我們的互動，一定會覺得很詭異，因為我們都沒有開口說話，娘娘的臉上也看不到嘴巴，我們全程都是使用意念在溝通，所以畫面看起來就是兩個人直愣愣地站著，就這樣動也不動地看著彼此。

　　對於示現的形象樣貌，娘娘有一番說明，大致的意思是，人類在地球上有不同的緯度、不同的國家、不同的文化背景，雖然都生活在同一個星球上，然而思維卻可能會有十萬八千里的差異，所以站在祂們的角度來看，想要有效地與地球的人類互動溝通，就需要採用不同的形象，那是為了配合人類的思維，而非神佛高靈的特殊興趣。

　　至於我所看到的形象，儘管娘娘說那是「真實樣貌」，但我認為其他形象其他樣貌也都是真實的，就像我們今天穿西裝、明天穿休閒服一樣，外在的形象可以千變萬化，然而內在的精神並不會因此而有所改變。

蛻變，是一件瘋狂的事

第四章　　我眼中的大千世

我接著繼續問：

「娘娘來找我有什麼事？」

得到的回答是：

「你來到這個世間是帶有任務的，在適當的時間點你就會知道。」

我必須要說，直到我寫書的這個時間點為止，娘娘所說的「適當時間點」都還沒到來，我仍舊不清楚自己的使命或任務是什麼，尤其是在那之後我又經歷了這麼多大事，又是創立品牌、又是生了一場重病，但任務卻還沒有一個影，可能在真正執行任務之前，我還需要再多增加一點各式各樣的經驗值吧。

問到這裡，我突然想到自己所處的環境非常特殊，趕緊把握機會問清楚。

「我們現在所在的空間是什麼？」我問。

「以地球的次元來說，這就是個飛行器。」娘娘回答。

「既然你們那麼神通廣大，為什麼還需要飛行器呢？」

這個好奇寶寶式的追問，得到娘娘深入的解釋。原來，這個飛行器可以載著神佛高靈快速且安全地穿梭在不同的宇宙、不同的次元，因為還有許多祂們沒去過的地方，會不會有什麼危險祂們也不清楚，所以搭乘飛行器是最好的選擇。

那麼，穿梭不同宇宙與次元的主要目的是什麼呢？我心裡的疑問立刻得到了答案：

「在我們之上還有更高維度的存在，而我們也還在尋找，還在探詢究竟是誰創造了我們。」

原來如此。

「那我們現在的位置是哪裡？」我繼續問。

「你自己看吧。」娘娘示意我往外面看。

結果，我發現到漂浮在宇宙中的飛行器下方，就是美麗的地球，

而所有曾經在地球上出現過的文明，全部都以層層疊疊的方式呈現在我眼前，恐龍、古文明、近現代、未來世界，所有的畫面全都重疊在一起。我知道，那是不同時期的地球，同時我也明白了，這些時期既相差幾千萬年，但卻又是同時存在的。

最後我問娘娘：

「有什麼事情要交代我去做？」

娘娘的回答是：

「沒有，今天我們所做的一切，只是想讓你知道你所選擇的路並不孤單，而那些你曾經懷疑的事情，我們也要藉著這個時間點的顯化，讓你知道你所想的是對的。」

我想，我並不特別，也沒有什麼了不起的地方，之所以能夠如此幸運地扮演小小的橋樑角色，相信除了是因為我的信仰觀念較為開放包容之外，更重要的是神佛高靈認為我可以做到某些事情。比方說，透過文字、透過書籍的出版，將玄妙的見聞如實地分享出來。

就傳統觀念而言，我的經歷真的太過離奇，相信也會有不少人在看了之後嗤之以鼻，但我認為既然這一切發生了，就一定有它的道理，也一定有它要達到的目的，不同的人來看到這段經歷，絕對會有不同的感想，若是從中能有一、兩個人受到感召，對人生感到豁然開朗，那對我來說就非常值得了。

思維框架

我們人類從出生之後就一直在經歷「建立框架」的過程，從父母的教養、學校的教育，乃至於出了社會之後的種種規範，仔細想起來都是一層又一層的框架，束縛了我們的想像力，也把原始的本能綁得死死。而那些框架，不只讓人類看不見自己的光，也看不見宇宙之大。

4-4. 五峰旗奇遇

開放的信仰態度，讓我比一般人多了一些神奇的經歷，比方說像是我在五峰旗所發生的玄妙逸事。

幾年前我在一位長輩的介紹下，進入了高雄一處道場修行，道場經常會舉辦道教靈修聖地的修練行程，而我也幾乎都會報名參加，其中一次就是去了宜蘭的五峰旗瀑布。

相傳五峰旗是個能量很強的場域，有在修行的人，或是體質較為敏銳的人，在進入這個場域時通常都會有所感應，而且根據大部分的人事後的分享，大家最常感應到的就是觀世音菩薩。

看過前面章節的讀者，就會知道我與觀世音菩薩有很深的淵源，因為從小陪著我長大，幫助我度過無數個困難險境的神明，就是祂。因此在出發到五峰旗之前，我就非常期待，希望自己也能像大部分的人一樣，能夠感應到觀世音菩薩。

結果沒想到，當時顯現在我眼前的，卻是聖母瑪利亞。

「我對宗教的態度是保守的，但我的信仰觀念非常開放。」我之所以會一直強調這一點，就是因為宗教參雜了很多「人」的因素，而信仰則是單純的個人選擇。在五峰旗感應到聖母瑪利亞之後，我也跟神佛做了溝通，想知道為什麼我跟別人感應到的不一樣，得到的答案依舊是：

「因為你的心態較為開放」。

普羅大眾對於宗教都有比較深的刻板印象，而且派別之分非常明顯，然而對高維度的神佛高靈來說，要用什麼形象顯化，端看人類的想法，重點在於這樣的形象能與人方便溝通，訊息能夠順利傳達即可，而我的開放態度正好就讓我能夠擁有多元的體驗。

後來我上網查了查資料，發現原來五峰旗不只是佛、道兩教的聖地，對天主教徒來說也是不可多得的朝聖地點，據說聖母瑪利亞曾在山腰處的聖母亭顯靈，指示五位迷途的登山客安全返家的路，因此天主教徒將此地視為聖山，每年都有許多教徒前往「聖母朝聖地」拜訪。

「難道，聖母瑪利亞就是觀世音菩薩嗎？」我發出疑問。

「無須多問。」我得到了這個理所當然的答案。

　　我想，台灣目前之所以會有如此多的宗教亂象，也是一種集體潛意識的展現。世人的心靈都太空虛、太無助了，甚至對於自己是誰都懵懵懂懂，也因此讓一些有心人士有這個機會假借宗教的名義趁虛而入，透過「你後面卡了好幾個陰」、「如果你現在不處理的話，以後會更慘」之類的恐嚇話術來爭取信任，並從中獲得好處。

　　宗教自由是好事，但真的不該讓「給予人心力量的信仰」淪為斂財詐欺的工具，想要杜絕這種亂象，最好的方法就是讓每個人都看懂真相、清醒過來。

　　若有身旁的朋友開口向我求助，我都會教導一個很簡單的方式，就是找一間自己常去或信任的廟堂，直接把內心的煩惱、憂愁、難解的問題等等，告訴廟堂中的神佛，並真心誠意祈求庇佑、祈求順利，這樣就非常足夠了。若是真的有奉獻的預算，那拿去行善捐款會更好。

　　宗教的儀式是人類創造出來的，屬於心靈慰藉的範疇，我認為它比較偏向是所謂的「儀式感」，透過那些充滿儀式感的過程，來讓自己感到安心、變得穩定，進而有更清明的智慧來做出正確決定，這就是宗教儀式的價值。想通這一點之後，就不會再被形而上的宗教思維給侷限住，信仰也會變得更純粹，更有力量。

宗教存在的必要性

不可否認地，宗教的影響力非常大，甚至有專家表示人類最早能夠聚集在一起，靠的也是宗教的力量。不過我還是要強調，宗教的儀式可以作為心靈慰藉，但絕不能變成是有其他不良目的的工具。反過來說，人們也應學會辨別，要懂得遠離懷有不良企圖的人，打著宗教名義招搖撞騙。

4-5. 扭轉思維

關於我去參加的那個道場，後續還發生了一個值得分享的小故事。

由於該道場算是發展得很不錯，所以在高雄增闢了三個據點，甚至拓展到台南，一起共修的道友人數眾多，大家一起切磋學習的氛圍我相當喜歡；不過有個小問題，那就是道場有點一言堂，創辦人所說的話幾乎是不容質疑的。對於這個現象，我始終抱持著包容的態度，直到婚姻平權法案引起了小小爭端，才讓我決定退出。

2017 年 7 月，同婚團體努力了將近四十年的法律平等權，終於塵埃落定，司法院認定民法未保障同性婚姻已屬違憲，因此立法機關需在兩年內修正或制定法規來保障同性婚姻的權利。到了 2019 年 5 月，「司法院釋字第七四八號解釋施行法」正式上路，台灣成為亞洲第一個、全世界第二十七個施行同性婚姻的國家。

台南道場的負責人在得知此事之後，便與學生一起到高雄的總部向創辦人提議接納同性婚姻，以呼應政府的法案，然而創辦人卻聲稱自己請示了三清道主之後，得到的答案是：

「相當震怒、天理不容！」

　　就我的認知與實際的交流結果顯示，根本就沒有這回事，維度比我們人類高上許多的神佛高靈，已沒有性別之分，更沒有婚姻的概念，那純粹是我們自由意志的選擇，神佛不會干涉，也不會阻止，當然也就更沒有震怒之類的反應。

　　「這麼小的事情，有什麼好執著的？」這是神佛最直率的反應。

　　就像求財一樣，其實在高維度的神佛高靈眼中，世人苦苦追求一輩子的金錢財富，根本不值一提，也沒有任何意義，祂們的能量狀態早已經超出了我們所能理解的範圍，而就祂們的角度來看，也很難理解為什麼我們大部分的人，一輩子都深深陷入在金錢、感情等等的關卡之中。

　　由於理念不合，再加上我認為道場的創辦人恐有「假傳聖旨」之嫌，所以我選擇默默退出。

　　我並沒有想要在道場內提出異議或據理力爭，畢竟那也是創辦人辛苦建立起來的平台，況且也真的有不少人在裡面得到了慰藉、得到了穩定心神的力量。存在就有價值、存在就有意義，我相信道場自有

其使命，創辦人也一定有過人的大能，只是那個地方不適合我，如此而已。

我希望透過這個小小的故事，把開放的信仰觀念傳達給更多人，讓大家都知道，信仰是為了得到安穩、得到平靜，而非去尋找束縛，讓人生變得綁手綁腳。

話說回來，我覺得我的信仰觀念比較偏向於佛教所倡導的「眾生皆佛」、「萬物皆佛」，我們每個人都是未來佛，經過世間的修行之後，人人都有機會成佛；其實道教思維也有異曲同工之妙，因為道教認為我們人在修行圓滿之後，最終都會回歸到最原始的那個存在、回歸到創世的那個靈之中。

不管是成為未來佛也好，或是回歸自然也罷，人生在世最重要的使命就是好好活著，好好吃飯、好好工作、好好愛家人、好好愛自己，把自己活出來，那麼全世界、全宇宙的神佛，都會給予祝福。

致富關鍵

以下是一位作家提出來的，我自己實際執行覺得非常有用，所以分享給大家。

信徒問瑤池金母：「求財，有沒有什麼方法可以吸引財富？」

瑤池金母反而問：「友教，基督教，為什麼禱告可以很靈驗？」

信徒又問：「為什麼我們要這麼複雜？」

瑤池金母回答說：「你不是第一個這麼問的，我統一回答。

生活中只要做好兩件事情就可以掌握財富密碼，很簡單，但是你們都做不到。

第一件事情就是喝乾淨的水

身體 70% 是水組成，從喝乾淨的水可以調節身體機能，相對來講運勢就會好。

第二件事情要吃乾淨的食物，吃食物的原型。

為什麼餐前禱告那麼有用？乾淨的另一層涵義是能量必須純粹。

在外面吃飯如果料理的廚師心情不好，跟人吵架，那就會灌注負能量在食物上，所以要先禱告，祝福食物，把負能量先消除掉，這樣再吃下去對自己就會比較好。」

4-6. 通靈其實沒有那麼神祕

一般來說，通靈的能力有三個來源，第一是與生俱來的，可能前世今生有什麼機緣，或是父母、長輩等身旁的親人有在從事這方面的神職工作，就比較有機會獲得通靈能力；第二是後天遭受過重大事故，甚至嚴重到瀕臨死亡的程度；第三則是經過後天的訓練、修行，在專業的師傅帶領之下學習而來。

以我的情況來說，就是瀕死經驗及後續的學習所造就的。

至於通靈能力的型態，也是每位通靈者各有不同，有些是可以聽到、有些可以看到、有些可以聞到，比較多的是可以感應到。

我的能力就是屬於可以感應到，以及眼角餘光可以看得到不同維度的神佛高靈，另外就是可以透過意念與祂們進行順暢的溝通。

在得知我有通靈能力之後，大部分的人都會有一個共同的疑問：

「你什麼都知道嗎？你都看得到嗎？」

當然不是，我沒有那麼神通廣大。其他的通靈者是什麼情況我不清楚，但我在與人接觸時，常常會在腦海中浮現一個畫面或是一小段動態影像、或者是有一個感覺冒出來，如此而已。

訊息顯現出來的時候，往往不會是完整的狀態，這是基於對當事人的尊重。如果當事人不願意接受這樣的訊息，神佛高靈是不會做過多干預的。

所以，我並沒有那麼厲害，通靈也沒那麼神奇，能不能幫助到人，還是取決於每個人的個人意願。

比方說，幾年前我曾遇到一位男性客人，當時在洽談時，我從眼角的餘光中一直會看到一個小女孩跟在他身邊。我心想，這背後應該有些故事，於是在事情談得差不多之後，我接著開口問道：

「你跟老婆在結婚之前，是不是曾有一個無緣來到這個世上的孩子？」

突如其來的一句話，讓對方頓時愣住了！好一會兒才說起，自己在年輕時，曾因經濟能力不允許，所以在不小心讓當時的女友（現在的老婆）意外懷孕時選擇拿掉孩子，當時從醫生的口中得知這個無緣

的孩子是個女兒，這也跟我眼角餘光中看到的相符，我看到的也的確是一個小女孩。

我告訴這位男性客人，其實無緣的女兒並沒有惡意，也沒有心存怨懟，她只是單純想要一個名字、一個牌位，只要好好處理就沒事了。聽完我的建議之後，他隨即照著去做，對他們夫妻倆來說，這件事終於可以放下了。

其實說真的，絕大部分的情形是，只要活著的人能夠放下，離開人世間的靈體也就可以放下了。通常會感覺到冤親債主緊跟不放的，往往都是來自於生者個人的偏執。有的可能是思念太深，有的可能是怨恨太重，或者是糾結抱持著不諒解；這些自己緊緊抱著不放的執念，才是導致另一個世界的靈體會為你帶來影響的主因。

簡單一句話，唯有自己放下，才是真正的放下。

總歸來說，通靈真的不是你所想的那麼神祕或難以理解，甚至每個人或多或少都曾經也有這樣的第六感，你也可以說這是所謂的直覺，只是當你接收到訊息或感受到一些不尋常的時候，自己相不相信而已。

換句話說，絕大部分的情況，都是個人自己就可以完善處理自己的問題，並不見得統統需要透過外力來協助幫忙，而通靈者究竟能幫上多少忙，也是得看個人的生命經驗是否足夠豐富，有沒有相關的經驗。

　　因此，對我來說，能夠因為通靈而提供協助是一種緣分，我也很少對此收費，更不鼓勵以花錢消災的方式處理。

關於通靈

「世界之大，無奇不有。」我一直非常相信這句話，因此我也非常相信有很多人可以像我一樣，打開了開關，擁有與不同時空的高靈交流的能力。我不是學術專家，無法詳細說明這種能力的由來與起因，但我必須負責任地說，通靈能力真的存在。

4-7. 應運而生的方震精油堂

自從在稻城亞丁重新正視自己的能力之後，我在回程的飛機上就不斷與神佛高靈交流討論，包含我接下來該做些什麼，如果要創業的話又該往哪個方向進行等等。由於當時台灣與當地並沒有直飛的班機，所以我得從成都先搭機前往越南，接著再從越南回到高雄小港機場，一整路的飛行時間相當長，也因此有充分的時間能讓我能好好地詢問問題並整理自己。

當我問到「自己該從事什麼行業」的時候，我得到了一個明確的答案：

「精油。」

這是一個非常專業的領域，我雖然曾稍微接觸，但也是僅略知皮毛而已，這樣的我，真能在這個領域有所收穫嗎？我一邊心存懷疑一邊持續探問，沒料到的是，在幾個小時的溝通過後，我不僅得到了公司 LOGO 的設計概念，就連產品包裝、行銷宣傳等等，也獲得了具體且有用的建議。

「就算是這樣，但原料供應商哪裡來？專業的美編設計師又從哪找？」

「時間到了自然就會出現。」

結果，真如神佛所說，我在回到台灣之後不久，就經由朋友介紹認識了一位台中的精油供應商，我們在洽談之後一拍即合，很快就成為事業夥伴，我想要開發的配方、符合我期待的產品，夥伴都能精準地達成，讓我感到非常不可思議，同時也信心大振。美編設計師也是如此，就好像從天而降一般，當我需要的時候，超乎我預期的人才就會出現，幫助我一步一步構建出理想中的「方震精油堂」。

方震精油堂 LOGO 大解析

這是一個具有高維度能量的圖像，八個方位對應著不同的易經卦象，中間的太極、類似於六芒星的線條，都匯集在圓形所象徵的宇宙內。這是我根據娘娘所給我的畫面而請設計師設計出來的 LOGO，獨一無二，且充滿力量，相信大部分的人看到應該都會突然感到一陣暖流或電流，這就是因為頻率有接上的關係。

以命理運勢產品來看，我的精油系列算是回購率相當高的，達到六成以上，也就是說，至少超過一半以上的消費者，在使用過後覺得有感，並且願意再次購買、成為忠實客戶。

不過，當然也有不少人覺得沒有什麼感覺，其實這是因為我的產品走的並不是立即見效的路線，而是比較像大家熟悉的營養保健品一樣，透過日常養成補充的習慣，讓能量維持在健康平衡和諧平衡和諧狀態。

我要再次重申，方震精油堂的能量精油祝福秘儀都是上天所賜予的，產品的名稱也是，其中的玄妙之處我難以用文字來描述，不過卻能用科學數據來證明。

高雄某間大學有一個研究團隊，專門在研究市售的各項產品會讓腦波產生什麼變化，比方說藉著喝咖啡前後的腦波對比，來分析咖啡對人體所帶來的影響。在因緣際會認識這個大學的團隊之後，我以人氣最高的「財贏亨通」精油來進行分析，結果主導教授驚訝地說：

「我經手過那麼多種的產品之中，從沒有出現過這樣的數據。」

一般來說，產品對於腦波的影響會是連動的，也就是一個產品在

使用過後，將近八十種的腦波數據一定會有好幾個同時受到影響，進而產生波動。然而財贏亨通精油的情況卻不是如此，經過多位受測者的實際測驗顯示，在使用了財贏亨通精油之後，腦波只有一個數據明顯上升，其他都很平穩，這就表示這款精油不會對人產生過度的刺激，只有精準地拉高了主導思考力、創造力的腦波，也就是說，科學分析證實了財贏亨通精油的確會對賺錢、創業、工作等事項有所幫助。

對於這樣的驗證結果，我既感到意外，但又覺得合情合理，因為這是天賜的產品，效果出乎人類的想像也是理所當然。

撇開科學驗證不談，日常光是能聞一聞精油的甜香味道，其實就已經可以讓人感到心情愉悅、平靜下來。對我來說，能夠藉著精油帶給人們平安與幸福感，是非常開心且非常有成就感的事情，我很喜歡做這件事，所以我也堅信這份事業將能長長久久，在未來的日子持續服務更多人。

第五章

影響人類深遠的二分法

Chapter Five

5-1. 二分法是問題根源

延續第四章的話題，我想在這個章節分享一下，在我開始接受諮詢之後，經常會出現的一些人生課題。

先從結論開始說起好了。我認為對我們人類生活帶來深刻影響的，就是「二分法」。

佛家有個說法是「一念三千」，在強大頭腦的運作下，一秒鐘之內人就會有無數個念頭閃過，這些意念大多是一浮現就消逝了，生滅得非常快，然而只要其中有一些彼此相吸、結合在一起，就會串連成一個又一個具體的想法。

當人的思維偏向負面，就會有很多負面的念頭被凝聚起來，變成許多陰暗的負面想法；相反地，當人的思維偏向正面，自然就會產生許多正面的想法。

那麼，這個世界上是正面思考的人多，還是擁有負面煩惱的人多呢？答案應該很明顯。

意念就像無色無味的水或空氣，也像是沒有規則、沒有具體形象的積木，透過強大的頭腦以這些意念做為素材，捏塑出我們所熟悉的日常。

所以問題的根源，我認為就存在於大腦，存在於人們的思維習慣，而那個影響最深遠的習慣，就是「二分法」。

所謂的二分法，其實並非只是單純的對與錯、黑與白，而是生活中大大小小的事情，都可以套用在二分法上，方便人們做出判斷。

比方說，早期總有人把台灣住民二分為本省人跟外省人，藉以進行族群議題的操弄，近十年來省籍議題已經慢慢淡化，取而代之的是閩南人、客家人、原住民，或是天龍國、苗栗國等等的分法；當然政黨顏色的政治劃分，也是相當壁壘分明，甚至快要超越政治、成為信仰了。

看到這裡，我相信絕大部分的人應該都會很有感觸，因為我們真的都太習慣使用二分法來過日子了，即使有人說自己沒有宗教信仰、沒有政治傾向，也不會偏心於任何一個族群，但身旁的家人好友，還是有很大的可能會要你選站邊，最明顯的例子就是男女交往後分手，明知道清官難斷家務事，然而有時候還是得技術性站邊。

前來找我諮詢的個案之中，有的人是金錢問題，有的人是感情問題，有的人是工作職場上的問題，還有親子婆媳相處的問題等等，雖然表面上看起來五花八門、目不暇給，充分讓人體認到「家家真的都有一本難念的經」，不過做點歸納整理之後其實可以發現，基本上有 90% 以上的問題，都與二分法的思維有關。

為什麼會這樣？其實答案很明顯，就是因為二分法太簡單了、太好用了，只要一刀切下去分兩邊，甚至不用切得太明確，只要稍微暗示一下，人們就會自己自動選邊站，比方說選舉口號喊出「支持土生土長的在地人」，立刻就能吸引一群「認同在地、排斥外來空降部隊」的選民力挺。

筆者簡單為二分法下個小小的結論：

好用，但卻相當廉價、業力反撲很重的思維習慣。

說實在的，二分法真的充斥在現實生活的各個角落，就連學校也是如此，成績好的分一邊、成績不好的分一邊；有錢的學生分一邊、較窮苦的學生分一邊；活潑開朗的分一邊、文靜害羞的分一邊……這些藉由二分法所產生出來的既定印象，慢慢就變成了人們身上的標

籤，人們則不知不覺就習慣了，然後彼此再透過那些標籤來相認。

看清楚了嗎？

二分法→標籤→認同感→非我族類者，必殺之。

這就是二分法影響我們人類生活的脈絡。

隨處可見的二分法

二分法真的太常見了，幾乎可以說是人類生活的基本架構，想要跳脫是非常困難的，畢竟人類是群居動物，光你自己想通也沒用，還是得配合其他人的思維脈絡。不過我想隨著文明的進化，越來越多人會在二分法這部分覺醒，所以在自己保持清醒之餘，有機會就多提醒身旁的人，或許有朝一日，我們真的能從二分法的世界掙脫。

5-2. 將「尊重」改為「重視」

在繼續深入探討二分法之前，我想先提供一個好用的方法來幫助大家解開心鎖。

人生在世，難免會遇到一些跟自己磁場不合的人，好比說過往的老同學裡頭，就是有人讓你特別反感；或是辦公室裡的老闆、主管、同事之中，就是有人讓你看不順眼；再者，自己身邊的另一半，也很有可能會是那個讓你又愛又恨的對象。

如果在你的生活中的確有一個讓你特別討厭的人，那麼現在先回想起他的臉，然後想像他已經離開了人世，你們永遠再也見不到面了，在這樣的前提下，拿出一枝筆、一張紙，好好地想想他的優點，然後慢慢地寫下來。

這樣做當然不是為了要詛咒對方，而是要用天人永隔的極端狀況，來重新思考及定義那個你最討厭的人。

我認為，人生在世短短幾十年，人與人能夠相遇、相識，都是很難得的緣分，同時也一定是累世共同修來的命運，因此，假設從此彼

此真的不會再碰到面了，就此分道揚鑣了，那麼還有必要花那麼大的力氣來討厭他嗎？

靜下心來，忘掉對方惹你不開心的事情，放下那些無謂的憤怒及賭氣，好好地回想對方的優點、好處，還有跟對方一起做過哪些開心的事情，花點時間一一寫下來，相信在你邊寫的過程中，對那個討厭鬼的看法就會慢慢改變了。

想像對方離開人世雖然是很極端的方法，但卻能讓人瞬間從二分法的思維之中清醒過來，你會發現自己真的在不知不覺之間，給對方貼了太多莫須有的標籤，而且你也清楚知道，自己身上一樣也被對方給貼上了莫名的標籤，你非常討厭那些貼在身上莫須有的標籤，然而對方又何嘗不是如此。

這是一種思維重建的訓練，有空的話你可以每天都試著做點練習，久而久之，二分法對你的影響就會越來越小，你也就不再會輕易地被牽著鼻子走了。

另外，在社會上還有一個詞我認為也是助長二分法的幫兇之一，

那就是「尊重」。

尊重一詞本身其實是正面的，但當套用在某些特定的狀況下卻會成為「具有強大分別心」的字眼，比方說：

√ **我尊重你的宗教信仰。**

√ **我尊重你的政治立場。**

√ **我尊重你的選擇。**

√ **我尊重你的想法。**

這些句子表面上看起來沒什麼太大問題，但細想之下就能感受到那是將「溝通的大門」關起來的一種說法。我尊重你，所以你也不需要跟我說明解釋，你過你的陽關道，我走我的獨木橋，兩不相干，各自精采就好。

尊重，其實就是為了避免雙方的衝突，在彼此之間設立一個安全區域，避免掉直接衝撞的可能，但是缺乏交流、沒有相互理解，鴻溝的兩頭，各自還是對彼此有意見，衝突遲早還是會爆發，因為那樣的尊重，太脆弱了。

所以，每當有人來詢問我這類問題時，我都會說：

「你可以試著把『尊重』改成『重視』。」

也就變成：

✓ 我重視你的宗教信仰。

✓ 我重視你的政治立場。

✓ 我重視你的選擇。

✓ 我重視你的想法。

感受是不是完全不同了呢？

　　重視跟尊重最不一樣的地方，就是具有一種主動想去了解對方的態度，因為重視，所以會想要去了解，就算交流過後還是沒有辦法認同，但至少對於你的想法我會重視，而且我知道我重視的是什麼。

　　我個人對信仰的開放態度就是最好的例子。佛教與道教的教義內容，我當然知之甚詳，但對於西方宗教，我也是如數家珍，這就讓很多身旁的朋友跌破眼鏡，他們經常驚訝地問：

「基督教跟天主教你也熟？」

其實不是熟，而是我「重視」，畢竟基督教及天主教是世界第一大宗教，全世界有 30% 的人口信奉，絕對有好好了解一下的價值。

雖然對於基督教與天主教的教義，我抱持保留的態度，但我依舊會去閱讀聖經，藉以增進對基督教及天主教的理解。也正因為這樣的態度，我和天主教的朋友交流時，才會知道原來天主教的教堂一定都是獨立的建築（一定會有教堂、一定會有祭壇），而基督教則有可能會將教堂設在一般建築物裡頭；另外，天主教的十字架上會有耶穌像，基督教的則是單純的十字架……

西方宗教有過幾番的變革，十字軍東征、宗教戰爭等歷史，可以說也是從二分法的思維所造就出來的。

宗教只是其中一個例子，生活中真的有太多太多可以造成人們隔閡、區分彼此的事情，如果還是繼續用「尊重」的消極態度來逃避閃躲，人與人之間只會越來越疏離。

所以我想說的是，彼此尊重的世代已經過去，隨著文明的演進，我們也該從尊重進化到重視了，彼此重視、加深交流，唯有這麼做，才能把心門打開、把距離拉近。

我重視你的想法

重視，就是有種放在心上的感覺，而尊重，則少了那麼點溫度。人與人之間的溝通真要順暢無礙，那麼「重視彼此」我認為是關鍵要素，彼此都把對方放在心上，自然能很快找出平衡點。但若只向著自己，用尊重來成就自己的利益，那麼溝通卡關也沒什麼好奇怪的了。

5-3. 好好活出自己

接下來要進入真正的重點——為什麼二分法會在這世界如此橫行？為什麼人類會如此依賴二分法？

答案源自於「人們不知道自己是誰」，不清楚自己到底是誰、自己的人生使命是什麼，沒有自己的中心思想，導致很容易迷失、很容易困惑，從而需要從二分法的歸類中找尋自己的歸屬。

生活中會有這麼多苦難、這麼多焦慮不安，根本原因也是「不知道自己是誰」。

從前面的章節看到這裡，讀者應該都能感受到這本書就是紀錄了我找尋真實自我的過程，雖然遭逢了重重困難，但幸運的是，我終究認清自己是誰了。如此一來，面對生活大小事時，我可以秉持著自己的觀點去作出決定及反應，經過無數的練習，我也終於能夠稍微擺脫二分法的影響，儘管難免還是會有分你我、分親疏的念頭跑出來，不過值得慶幸的是，我不會輕易再被分別心牽著走，而是可以很快地恢復理性，並守護自己內心認同的價值。

走過這些過程，讓我有很深的體悟，因此我才會想特別用一整個章節來剖析二分法，希望能讓更多人從中覺醒過來，哪怕只能影響一個人，也很值得。

　　生活中有哪些事情會受到二分法的影響呢？舉個簡單的例子，比方說關於「財富」，你是否也覺得沒有存夠五、六千萬，根本不可能退休？或是沒有準備一、兩千萬，根本養不起小孩？甚至是一個月收入如果沒有五萬，就活不下去？四十歲了年收入還沒破百萬，難道真的不行？

　　每個人的生命歷程都各不相同，對於生活品質的要求，或是物欲的高低等等，也都因人而異，然而卻有很多人被上面所提到的幾個數字制約了，覺得自己應該也要做到，接著便用大半輩子來煩惱這些壓根與自己無關的事情。

　　如果你清楚自己是誰，就會知道自己想要的人生會長成什麼樣子，當然也就非常明白，把日子過好、把小孩養大，跟那些幾百幾千的數字一點關係都沒有。

同樣的，我們在小時候一定都被父母要求過成績，也聽過類似「一定要好好讀書，否則一生撿角」、「考試成績要好，將來才會有好出路」、「考公務員才能捧鐵飯碗」等等的說法。長大之後回頭來看，就會知道，自己的人生真的被這些無謂的「信念」左右太久了。

大約在十幾年前吧，有一陣子非常流行「開咖啡店」這個夢想（現在是一窩蜂的文創餐車……）。在那個年代，有好多年輕人都熱衷於開一家有自己風格的咖啡店，每天聞著咖啡香，在店裡放自己愛看的書籍雜誌，然後跟具有文藝氣息的客人談天說地，這樣的畫面想起來的確不錯，但我想那些年輕人們可能無法分辨這種「創業美夢」是真的自己發自內心想做的事情，還是從別人那裡借來的夢想。

於是，那些前仆後繼去開店的人，往往撐不到一、兩年就鳴金收兵了。台灣人的創業成功率偏低，高達 95% 會在第一年倒閉，會有這樣的數據產生，光有夢想但沒有認清現實的創業者應該貢獻了不少。

為什麼會這樣？因為很多人在投入創業之後會發現：夢想與現實落差很大。自己喜歡的原來是當一個「咖啡店的客人」，而非是「咖啡店的老闆」，開了店之後根本很少能夠好整以暇地坐著享受，原料的管控、資金的掌握、行銷宣傳的安排、店務的維持等等，對這些細項事務沒有做功課的人，根本很難堅持下去。

反過來説，什麼樣的人在做生意或是開店的時候容易成功呢？答案就是對於那些繁瑣庶務有做功課的人，這樣的人光是把店務管理得有條不紊，就能感受到莫大的成就感，所以當然能夠將這份事業做得好且做得長久。

　　撇除這種想要創業的特例不說，現在大部分的上班族都是吃一份頭路、領一份薪水，對工作沒有太大的熱情，也不認為工作有什麼意義，若是真要問：

「你為什麼每天都願意早起去上班？」

上班族共通的答案應該會是：

「為了一份穩定的薪水。」

　　去工作＝賺薪水，這樣的思維脈絡其實很危險，因為那會把人帶往「自己的時間賣給了公司」、「辛苦半天都在為別人賺錢」等等的偏頗想法，進而覺得上班就是一件苦差事。

如果你也有這樣的問題，那麼請趕快停下腳步，重新思考一下工作的意義，問問自己：

「我到底是誰？」

「我為什麼要來做這份工作？」

「這份工作為什麼非我不可？」

「我想透過這份工作達成什麼樣的目標？」

思考這些問題並不是為了把工作放下、就此不賺錢了，相反地，是為了要做得更開心、更舒服。認清自己是誰，把喜歡做的事情、真正想做的興趣，在閒暇之餘慢慢撿回來，漸漸地你會了解到，工作上的付出也是成就個人興趣的一部份。

同樣的一件事情，用不同的角度來看，就會有不同的風景、不同的感受。所以答應我，在為別人活之前，一定要先為自己活！不管是父母、孩子、愛人、老闆或閨密好友，都一樣，可以為了他們著想，但前提是一定要先好好活出自己！

如何活出自己？

這個問題的答案就是：先清楚知道自己是誰！

你不是朋友口中的那個人、不是父母師長口中的那個人，更不是網友酸言酸語形容的那個人。你究竟是誰？你是怎樣的人？答案就在自己心中。知道自己是誰這件事非常重要，值得每個人花多一點時間在上頭。

5-4. 元神覺醒

　　道教是中國土生土長的宗教，從老子、莊子的思想開端，一直到王重陽創立了全真教，張道陵創立了正一派，乃至於傳到台灣、融入在地信仰，成為獨特的「台灣道教信仰」，一路的發展都有濃濃的中華文化味。

　　不過，大概很少人知道道教對宇宙起源的解釋。

　　在道教的典籍中，天地最初的狀態是虛無，就是所謂的炁（與氣同音），是一股很純淨很純粹的能量，有人也稱其為太初。而道教修練的第一堂課，就是「元神覺醒」，要讓自己的元神甦醒過來，好接通太初的能量，最終的目的則是回歸虛無，回到沒有二分法的純粹狀態。

　　我在前面的章節中也曾提到，對我來說，信仰是個人自由，所以我的態度很寬容，什麼都能接受，但宗教是人創的，難免參雜來自於人的桎梏或限制，所以我對宗教採取保守態度。在各大宗教派別之中，可以發現到很多源自於二分法的教義規定，不過如果你去細讀每一個宗教的經典，像是道德經、聖經、可蘭經或是佛經等等，應該就會發

現，最初的信仰並沒有那麼多誰好誰壞、誰低誰高的說法。

所以，每當我遇到有人想深入了解宗教與信仰，或是想要找到心靈的慰藉，我都會建議他們直接去看原始經典的典籍就好，道教全真龍門派第二十一代傳人張至順道長，也是抱持同樣的看法，他認為現代人如果想要透過書籍參悟修行，那就寧可選擇看最原始的經典，聽信所謂的大師註解心靈成長課程，反而可能誤入歧途，導致離真正的道越來越遠。

現在的台灣之所以會有那麼多的宗教亂象，除了是集體潛意識的展現之外，我認為還有兩大原因，一個是來自於每個人都有解釋宗教意涵的自由；再者是壓力沉重的現代生活，讓人們越來越依賴宗教。有需求，才會有供給，商業市場的原理同樣能夠應用在各個不同的領域。現在的宗教派別山頭林立、流派眾多，就是因為宗教大師們所提出來的見解都有人力挺、有人相信，若是都沒有人跟隨，那大師們自然而然就會銷聲匿跡了。

所以說，一個巴掌拍不響，宗教亂象的形成，我想每個人多少都要負點責任。

那麼，該如何從亂象之中掙脫？如何降低自己被別人控制的機

會？我想還是老話一句：「找回你自己是誰。」

商人要將產品賣給消費者，一定會無所不用其極地行銷，就算消費者沒有需求，商人也會創造需求出來讓消費者買單。比方說昂貴的名牌衣服，跟平價的衣服比起來，功能是一樣的，材質也差不多，但價差卻可以高達到好幾倍，原因就在於奢侈品牌很懂得為消費者創造需求、為自己的品牌商品創造價值。

但是，只要你能夠保持清醒，知道什麼才是自己需要的，那麼就一定能透過自己的獨立思考去作出正確的判斷，即使是買了昂貴的奢侈品牌商品，也會知道自己究竟是為了什麼而買。

至於怎樣才能夠找回自己？怎樣才能元神覺醒？我有個好方法可以提供給大家。

道教與台灣民間信仰

我想應該很多人會把道教跟台灣民間信仰搞混，其實道教有相當嚴謹的科儀，也有淵遠流長的發展歷史，而台灣的民間信仰則是吸取了佛道儒三個教派的教義，融合成我們日常習慣的模式。有興趣的朋友可以多找找相關資料，了解更多，疑惑就會更少。

5-5. 凝視深淵

　　每個人都會有黑暗面，以我自己來說，我的其中一個黑暗面就是受虐的往事。長大成人後，我以為自己已經擺脫那些悲傷且壓抑的過往了，沒想到自己對浴缸清潔度的執著，還是源自於小時候的受虐經驗。

　　尼采曾說：「當你凝視深淵（黑暗面）的時候，深淵也在看著你。」意思是人在面對恐懼的人事物時，其實也像是在照鏡子，自己不受控的心靈，才是真正的深淵。

　　這段話有很深的含意，然而對我來說，更到位的說法是：

　　「深淵並不可怕，可怕的是你連直視深淵的勇氣都沒有。」

　　意思就是，那些黑暗面，那些令人恐懼的人事物都不可怕，真正該感到害怕的是，你連直視深淵、面對自己的勇氣都沒有。

通靈老闆的轉化妙招

準備一張白紙，拿一枝筆開始寫，自己是誰，為感到不舒服或感到愧疚的事情，誠心誠意地陳述出來，比方說：

我沒有那麼愛我老公、我性幻想隔壁的同事……等，

腦袋在想，眼睛也看到，逃也逃不掉，一定要面對，如果連這一關誠實地面對自己都過不了的話，人生很多事情你也絕對會選擇逃避、不面對！

如果可以寫得出來，非常恭喜，表示你能面對自己；

信奉佛道信仰的人，就到附近的宮廟或佛寺，向神佛說明來意，然後在廟裡的金爐或是找個適當的地方，將寫好的白紙化掉。

如果是基督徒、天主教徒，就到教堂去向基督禱告，也可以跟神父告解，說明自己把內心最在意的陰暗面寫了下來，請求主耶穌基督，赦免自己的罪惡。

只要敢誠實面對自己，將之寫出來，就可以放下了，在旁若無人的情況下，若你都寫不出來，代表你跟自己過不去。

小時候我也會做這件事，用白紙把祕密寫完之後，折成紙鶴，吊在窗戶外面。

有些人的祕密不想讓別人知道，連心理醫師都沒辦法去看，跟最親近的人也無法分享，所以就用這樣的方法面對自己、陪伴自己。

前述這個自我反省的妙招，就是我前一節所提到的「找回自己、元神覺醒」的方法。到目前為止，我已經將這個方法分享給不少人，有幾位在認真落實之後，的確感到自己有了顯著的進步，但仍有大部分的人都還是無法做到；甚至還有人問我：

「有沒有更簡單的方法？」

我說：「只需要一枝筆、一張紙，把內心真正的想法寫下來就行了，這樣還不夠簡單嗎？」

想想也是，對於無法面對自己的人，要把真實想法寫下來可真不容易，甚至可以用「非常恐怖」來形容。

不過話說回來，如果你能做到這一點，也就是可以在旁若無人的情況下，老老實實地把自己內心的黑暗面都寫出來的話，那麼你的問題則可說是已經解決了一大半。

至於我自己解決面對於浴缸的強迫症狀，所用的也是類似的方法。在我第一次跟朋友提到以前後媽把我的頭按進放滿水的浴缸這件事時，哭到無法自己；後來第二次講，情況就好了不少；到了第三次就不會再流眼淚了；第四次時就差不多已經能泰然自若。一直到現在，

雖然還無法做到心如止水，但我在談起這件往事時，已經可以談笑風生了。

　　在別人眼中，我笑談往事的樣子或許看來一派輕鬆，但我想只有我自己才知道，那是花費了多少力氣去調整，才有辦法展現出來的餘裕。

5-6. 且行且珍惜

我所具備的能力是後天啟動並修練而來，所以我自己的親身經歷應該可以幫很多人解惑——通靈的能力，的確是可以經由後天開發的，只是過程可能不會太舒服就是了。

人既然無法決定自己的出身，也無法預料自己的命運，收到能與靈溝通這樣的禮物並非我所願，有好長一段時間我也真的非常抗拒，不過後來我想通了，既然上天有意要安排我做事，那我就好好地發揮吧，且行且珍惜，就看通靈能力要把我帶到哪裡去。

我幫人諮詢的方式，通常是藉由身體的碰觸來接收訊息，所以在徵求對方的同意後，我通常會握住對方的手，然後靜靜等待訊息的到來。

然而每一次訊息所呈現的方式都有所不同，有時候會是一段畫面，有時候會是一張照片，有時候會是一個感覺，也有可能是聲音、味道等等。訊息示現下來的時候也不會是完整的故事，大部分的情況都是一個關鍵點的提示，讓我知道接下來該怎麼去發問，但又不至於一下子都全部看穿，這是基於對於諮詢者的尊重，對方不想說的話，

我也不能勉強，只能等緣分到的時候再處理。

　　到目前為止，我接受諮詢已經有三年左右的時間，究竟幫過多少人我已經數不清了，但是我鮮少收取費用，如果有人執意要表達謝意，我也會請他們幫我把錢捐出去。

　　幾乎不收費的原因主要是因為，我提供的建議或方法都很簡單，沒有什麼神秘之處，而且真正要能起效用也是得諮詢者願意照著做，否則我說再多也沒有用。

　　我只是一個橋樑、一個工具，將當下對方該知道的訊息傳達出去後，便交由他自己決定該怎麼做，我不會管太多，也無從插手，畢竟真正能夠幫上自己的，往往只有自己。

　　有一次，一位六十幾歲的女性朋友來找我諮詢，她為了方便照顧而跟高齡八十的老母親住在一起，但由於母女倆從很久以前就關係冷淡，而她一直有心想要修復，可惜總苦於不知從哪裡下手。「我真的很怕再這樣下去我會後悔。」為了跟媽媽破冰，她透過朋友的介紹、找上了我。

　　開始諮詢時，我接收到的畫面顯現出一個抽屜，裡有一大疊舊版

的千元大鈔，於是我直接問她：

「這個畫面對妳來說有什麼意義？」

她回我說不知道，但顯然是想起了些什麼，只是不願意向我透露。我告訴她：「唯有妳願意說出來讓我知道，我才能幫得上妳。」躊躇許久之後，她才卸下心防，娓娓道來。

原來，她曾經偷媽媽的錢，而且不是小錢，那一大疊鈔票總數是八萬元，這樣的金額在 1980 年代幾乎已經可以當成購屋的頭期款了。

為什麼會偷？主要是為了報復，她的媽媽一直以來都非常重男輕女，什麼好東西全部都給哥哥，讓她感到不公平，而且傷心；當時那一大筆錢，也是媽媽準備要給哥哥的，她一時氣不過，就把錢給偷走了，最後媽媽去警局報案，整起事件就以「遭竊」結案。沒有人懷疑到她身上來，而她直到最後也沒把那筆錢還回去。

這件往事她早已經忘記了，要不是因為我重新提起那個訊息畫面，她可能也不會再回想起來，更不會知道原來自己跟媽媽的感情疏離關鍵就是卡在重男輕女的賭氣上。

我建議她將此事跟媽媽坦白，而她也確實照做了，結果媽媽非但沒有怪她，兩人的關係也從此有了一百八十度的逆轉。

　　像這樣的案例還有很多，當然，並不是所有人都能把我的建議給聽進去，不過只要肯願意照做的，基本上 90% 都能有很好的結果。他們事後都會滿臉笑意地來謝謝我，而我總會跟他們說：

　　「要謝謝你自己。」

千奇百怪的人生

隨著諮詢的經驗越來越多，我也參與了許多比小說還精采的離奇人生故事，而且也確切體會到「人心的確比鬼還可怕」。

5-7. 別被牽著鼻子走

因為二分法所造成的各種困擾相當的多，想要徹底解決這個問題，須得至少有 3/4 比例的世界人口集體意識能一起向上提升，這是一件非常困難的任務，或許不是我們這輩人所能夠達成的，但我至少希望能盡可能多影響一些人，讓更多人能朝著超越二分法的方向一起前進。

在所有來諮詢的問題之中，辦公室的糾紛也算是大宗，包含像是：

√ 老闆比較挺另一位同事。

√ 覺得自己犯小人。

√ 主管總是把事情丟給我。

√ 跟某位同事不知道怎麼樣就是不對盤。

每當碰到這一類問題，我都會誠懇的建議對方「好好去溝通」，如果真心想解決問題，就必須把姿態放低，誠心誠意去溝通，別為了只想出口氣去找對方理論，這樣的話問題只會越來越糟。

這類問題不太需要通靈能力，反而比較需要心理方面的建設，在

我的觀念中，沒有人天生就惹人嫌，也沒有人會無故去討厭別人，兩人之間會產生摩擦，一定是發生了些什麼事，唯有認真去把源頭找出來，然後好好面對，才有機會順利解決。

對我來說，人與人之間的問題 80% 都是出在自己身上，我所能做的就是透過引導把問題點給揪出來，然後交給當事人自己去處理。不過，很顯然地，社會上有很多人並不是這麼想，尤其是一些假借宗教之名的神棍，把人們的煩惱當成是賺錢機會，用各種創意十足的恐嚇方式刺激需求，讓人心甘情願地把錢掏出來。

這樣的方式真的很不好，對陷入困境的人來說，這些神棍所提供的方法也不見得有多大幫助，但往往收費都非常之貴，我也只能在這裡用這樣的方式點出來，希望每個人都能找回自己、元神覺醒，不要再被毫無根據的說法給牽著鼻子走。

減少沒有必要的爭吵

發生在日常生活中的爭吵或矛盾，其實認真說起來有一大半以上都是沒必要的，不僅是因為爭吵解決不了問題，更重要的是「相罵沒好話」，為了出一口氣而去攻擊對方，往往只會帶來後悔。

第六章

無盡的感恩

Chapter Six

6-1. 80% 都是自己的問題

　　看完前面的故事，你是不是覺得我的人生經歷有些與眾不同？其實不論是小時候的受虐經驗，或是成長過程中的迷惘，以及中風之後的體悟等等，都還有許多細節、許多故事可以分享，但在我這本書主要想傳達的是：我在面對逆境時所抱持的態度，以及對信仰的看法，當然更重要的是——為大家揭開通靈的神秘面紗，所以才會想用一段又一段的小故事來帶動說明。

　　在前面的章節中我曾提到，自己會透過諮詢的方式來幫助一些有緣分且願意相信我的朋友，也因為這樣的關係，這一路走來我聽到了各式各樣的人生故事，不管是財務陷入困境的，或是感情受了創傷，還是家庭成員之間的矛盾等等，每一位諮詢者都希望能夠「改變人生的現況」，但我所能做的就是給予建議，至於能不能產生效果，關鍵還是在每個人自己身上。

　　可惜的是，絕大部分的人都只有看到問題的表象，並沒有深入去探究根源，所以每每想出來的解方都只是「治標不治本」，過不了多久同樣的問題還是會再次浮現。

我用最普遍常見的財務問題來加以說明。求財幾乎是每個人共同的渴望，畢竟錢雖非萬能，但沒錢可萬萬不能，所以在兩袖清風、口袋空空的時候，一般人最直接的想法就是想找一個荷包能夠快速進帳的方法，因為沒錢太痛苦了，於是也一心只想著要解決眼前的痛苦，而沒有多花點心思去想想「為什麼自己會沒錢」。

　　為什麼會沒錢？每個人的情況都各不相同，但無論是哪一種狀況，都一定有一個根源。比方說，平時的生活習慣太過於鋪張浪費，總習慣用信用卡去花未來的錢，但卻忽略了這個根本的問題，一直將心神聚焦在「沒錢好痛苦」這一點上，然後到處燒香拜佛祈求保佑發財，那麼即使有短暫的好運降臨，解了一時之困，問題也一定會在日後重新席捲而來，因為導致缺錢的源頭根本就沒有獲得解決。

　　那麼，鋪張浪費的問題該由誰來解決呢？滿天神佛能夠對此幫得上忙嗎？我想看到這裡，大家一定都能深刻了解，這種根源性的問題，往往只能靠自己解決，唯有自己能夠有所察覺，並且願意面對、願意改變，那麼人生才有獲得導正的機會。

　　照這麼說來，難道求神問佛都是沒有用的嗎？當然不是。信仰的最大價值，就是讓人心穩定下來，並且獲得正面的能量，讓自己可以用最好的狀態去面對難關、面對自己。

　　也就是說，如果你覺得吃齋唸佛對自己有幫助，那就去做；覺得開運的產品對自己有用，那就去買；覺得向神父告解能夠釋放壓力，那就去做。只是一定要清楚地知道，做這些事情是為了讓自己擺脫恐懼、不安、焦慮等等的負面情緒，將自己的能量提升上來，回到平穩且冷靜的狀態，找回理智與智慧，然後才去做出決定。

　　無論如何，當察覺到自己正被負能量籠罩時，真的不要輕易做出決定，因為倉卒的決定事後讓自己後悔的機率太大了。情緒真的很不好的時候，先好好跟自己相處，不心急、不冒進，把眼前那個讓你不安焦慮的問題先放在一旁，反正它不會跑掉。等心情調整好了，再回過頭來好好思考問題的根源，一旦真的找到根源卻仍然無計可施的時候，就可以好好地請求神佛指引方向，相信這時你所得到的答案或建議，一定能讓你獲益匪淺。

　　因為把問題問對了、處理的方向導正了，才有機會得到真正的解答。

保持清醒

人生有 80% 的問題出在自己身上，所以如果自己老是不清醒，甚至一直想把問題歸咎到別人身上的話，那永遠都不可能有所改變。當問題發生了、人生卡關了，首要之務就是問問自己怎麼了，透過反求諸己的探索，可以過濾掉許多思考上的雜質，進而讓自己越來越清醒，這時候，問題就解決一大半了。

6-2. 創業與工作

　　此外，另一個人們常常前來諮詢我的大宗問題，就是跟事業工作職場相關的事。我在第二章中曾提到過創業的心態，明確點出很多人只看到「好不好賺」，而沒有去顧及自己「喜不喜歡」。其實工作也是一樣，很多上班族在求職的時候，幾乎都會把薪資待遇、公司福利等條件擺在前面，盤算著進公司之後自己一個月可以賺多少錢，年終分紅可以領到多少紅利，但卻比較少考量自己是否真心喜歡這份職缺、工作內容適不適合自己等問題。

　　所以我都會建議「對職涯感到迷惘」的朋友，調整一下優先順序，將目標從「找最高薪的工作」調整為「找最喜歡的工作」，這麼一來，即使找到的工作可能短時間之內薪水較低，但卻能讓你每天都充滿幹勁、做得很愉快，相較於坐領高薪但每天壓力沉重、愁眉苦臉的狀況來說，能夠開心過日子肯定是最好的選擇。

　　再者，還有一個很重要的觀念想分享給大家，那就是：

　　「付出者收穫」，「啟動善的能量循環」。

人類是群居動物，現代社會的營生模式也傾向於打群架、搞團體戰，單憑自己一個人單打獨鬥，往往會非常辛苦，而且不容易得到成功；所以當你在找到合適的工作或是創業方向之後，我非常推薦你可以主動參加一些社會團體或商務人脈組織，一方面能認識更多不同領域的人、拓展視野，一方面也練習自己的社交能力、經營人脈。

　　不過在參加社團組織之前，一定要先清楚該團體的本質，比方說獅子會、同濟會、扶輪社等團體，是國際性的大型組織，而且參加的成員都有一定的社經地位、深厚人脈，但因為這幾個團體成立的主旨是「公益社會」，所以可想而知，在裡面參與交流的，大多會著重在從事公益性質的相關活動，雖然也會有增進人際交流的效果，但對於自己的專業領域與事業上的幫助是需要時間去發酵的。

　　當然，你也可以參加純粹的商業交流組織（比如說BNI，Business Network International）。進入這樣的社團組織，一定要記得讓自己成為那個先付出的人。因為會來到這個團體的成員，一定都抱持著相差無幾的目的，每個人都渴望得到他人的幫助，於是難免就會有「我先觀察看看，若真的能得到幫助，我再來幫助其他人」之類的心態；但假使人人都這麼做的話，那這個組織想必撐不了多久。

　　再者，不要讓自己成為「收割付出者」的人，那很不道德，而且絕對會斷送自己的正向能量循環，既失德也失去誠信！

唯有透過自己先付出，創造出健康且正向的互動，那麼善能量才有機會開始在彼此之間流動起來。根據我的經驗，先付出的人往往都是收穫最多的，所以一直以來，我都秉持著這樣的信念——有人需要我，那就盡全力協助；因為我相信，不管是付出經驗智慧還是出力，最終所有給予出去的善，都會翻倍回到我自己身上。

當然，在付出之前也得要好好觀察、慎選對象。面對善良之人，我們所給予的幫助能夠讓善能量繼續流動，進而成就更大的好事；然而如果我們面對的是一個具有歹心、懷有惡意的人，那就一定要三思而後行，別因為一時不察反而成為幫兇、助紂為虐了。

人生有一半以上的時間在工作

一般來說，我們都是在二十幾歲開始工作賺錢，然後在六十幾歲退休，由於少子化、高齡化的關係，退休年齡恐怕會再拉高，不過無論如何，在社會上工作的時間基本上占了大半的人生，所以，為了自己的大半人生，找一個適合且喜歡的工作，不應該是最重要的事嗎？

6-3. 無盡的感恩

　　寫到這裡，本書已接近尾聲，感恩出版社約稿、讓我圓了讀書時期一直想寫一本書的夢；也感謝在我書寫的這段期間內協助我進行校對，以及針對內容提供意見的所有好朋友們。

　　各位讀者們在書中所見的一字一句，全都是我人生階段不同時期親身經歷的真實故事。說實在的，若真要搏版面、鉅細靡遺地描述，那麼光是童年時期家暴受虐的種種經歷，再多的篇幅也不夠我寫……

　　然而，我決定邁開步伐，不再沉溺於過去。藉著書寫的這個機會，我真真切切地回顧了自己這一路走來起起伏伏的跌宕人生；憶及過往種種，真的是千言萬語、感觸良多……

　　歡迎讀者朋友們看了我的人生故事後，若有什麼心得或想法，也能透過網路社群來與我互動（用我的名字搜尋就能在臉書找到我）。如果大家對我所提及的某個議題有興趣，想看到更多更進一步的內容細節，也請不吝告訴我，只要有機會，未來我很樂意再以出版付梓的方式來跟大家分享。

無私的愛與感恩，具有一股強大的能量，且讓我借用這本書，感謝在各個時期扶持幫助過啓勛的每一位貴人們：

　　感恩我母親，在我讀書求學階段，給我十足自由地空間、無微不至的照顧，讓我尋找自我探索自我。

　　感恩曹佩蘭老師，要不是曹老師「堅強地、雞婆地、智慧地」在我最危急的時候拉了我一把，我真的不敢想像現在的我會是個怎樣的人。曹老師是我一生最難忘也最感恩的貴人，希望我現在的表現，在社會上的小小成就，沒有讓她失望，這樣也才不枉費她當年對我的幫助。

　　感恩叔叔，雖然是短時間的照顧，也讓我感受到家人的溫暖。

　　感恩身旁的他，陪伴我走過許多風雨，讓我能堅強的面對難關。

　　感恩兄弟潘松河（松鴻環保公司負責人），自從我們在軍中結緣，至今成為我公司的股東，默默支持我；雖然沒說過幾句好聽的話，但我心裡明白你是真心地為我好。

感恩高雄長庚的醫療及復健團隊，在我中風住院期間給予我專業的治療及出院後良好的復健規劃；特別感謝暖男中醫師吳思穎醫生，透過精湛的針灸技術，讓我的復健狀況恢復得很好。

感恩我的師父，善雲居士李鴻棠老師、財錄宗壇余三祿宗師，傳授玄學命理知識及技術，讓我可以行有餘力地行使任務。

感恩我的師兄，李鴻毅老師，總是能時時地警惕我、督促我，讓我走在玄學的路上不會感到孤單。

感恩楊建勳（墾丁必見水潛水／潛水教練）及黃建瑋，在我住院期間，放下工作 24 小時來陪伴照顧我。

感恩許文勝（CafeDOG 寵物美容店負責人／高雄地區唯一敢美容獒犬的店），在我住院期間，幫我照顧我的毛小孩魯比，讓我可以安心地在醫院養病。

感恩張凱霖（宥田企業負責人／汽車及工業用潤滑油）、劉文賢（百辰汽車負責人／中古車買賣）、何秉鈞（展仕科技經理／弱電系統）、劉華瑋（城市戰場負責人／槍戰生存遊戲）、邱家正（艾斯靈魂健身中心創辦人）、李如弘（程泓通訊程泓電玩負責人）、阿隆師

（高雄昊陽真炁無極至尊殿／南宮紫府／慈德宮／創宮宮主）、方帥（台灣媽祖會會長）、陳俊良（蘇澳百年古蹟法主公晉安宮主委）、BNI 高雄市中心區楊執行董事夫婦，以及軍警界的好友們、高雄五福獅子會的獅兄們、高雄亞灣扶輪社的社友們、BNI 高雄富和分會的夥伴們及 BNI 認識我的夥伴們，無私地與我分享生意場上的眉角，還有許許多多實質的幫助、經驗的傳承、技術的傳授⋯⋯

正因為有你們的存在，我的生命才會如此豐富精彩。

謝謝大家。

你可以在社群平台找到我

Facebook：黃啓勛

蝦皮：方震精油堂

桂在初心

貴人能量精油

方氣能量精油
溝通能阻能量

財贏亨通 方廳

Blend Massage Oil

財贏亨通

財富能量精油

方震精油堂

男性能量

保養按摩油

男性專用

保養精油

玉兔年

年度祈福

本專案一年一次，會在農曆正月初十五前，
走訪台灣各地廟宇、聖地，為參加專案的大德祈福，
祝福一年順遂平安、進財有感、守庫有成！

專案內容

代客走訪知名靈驗廟宇祈福（市價9000元起）
線上專人流年批算（市價3600元）
玉兔年開運翡翠（平安扣樣式，含鑑定書，市價5000元）
開運招財能量精油一組（市價2880元）
秘儀平安招財符（市價1800元）

另可九折優惠參加定期及不定期祈福法會

**優惠價
5980元
（含稅）**

玉兔年祈福活動走訪廟宇

屏東福安宮（福德正神）	宜蘭補天宮（女媧娘娘）
花蓮慈惠宮（瑤池金母）	桃園威天宮（關聖帝君）
蘇澳南天宮（天上聖母）	南投紫南宮（福德正神）
蘇澳晉安宮（法主公）	嘉義半天岩（觀世音菩薩）
宜蘭三清宮（三清道祖）	大社南宮紫府（九天道姆）

 方震精油堂
開運能量精油領導品牌

研研真風水　郭老師
協天殿　　　三成法師　　協辦
花熊園藝　　莊坤儒
創玉珠寶　　蔣崑呈

服務項目：

開運招財玄學範疇的，

能量精油

能量純露

周邊產品

個人諮詢服務

個人祈福服務

年度祈福專案

公司企業玄學管理顧問

【渠成文化】Pretty Life 016

蛻變，是一件瘋狂的事
通靈老闆的人生翻轉筆記

作　　者	黃啓勛
圖書策劃	匠心文創
發 行 人	陳錦德
出版總監	柯延婷
執行編輯	李喬智
校對協力	蔡青容
封面設計	L.MIU Design
內頁編排	賴　賴
人物攝影	大三元映像館　林勇男
E - m a i l	cxwc0801@gmil.com
網　　址	https://www.facebook.com/CXWC0801
總 代 理	旭昇圖書有限公司
地　　址	新北市中和區中山路二段352號2樓
電　　話	02-2245-1480(代表號)
定　　價	新台幣380元
印　　刷	鴻霖印刷傳媒股份有限公司
初版一刷	2023年01月
ISBN	978-626-96557-3-1(平裝)

國家圖書館出版品預行編目(CIP)資料

蛻變,是一件瘋狂的事/黃啓勛著. -- 初版. -- [臺北市] : 匠心文化創意行銷有限公司, 2022.11
　面；　公分
ISBN 978-626-96557-3-1(平裝)
1.CST:黃啓勛 2.CST:自傳 3.CST:自我實現

783.3886　　　　　　　　　　　　111019852